※15ページに簡単なレシピがあります。

スール【sœurs】［仏語］ 姉妹

三國万里子　MARIKO MIKUNI

1971年、新潟県生まれ。ニットデザイナー。3歳の時、祖母から教わったのが編みものとの出会い。学生時代から洋書を紐解き、ニットに関する技術とデザインの研究を深め、創作に没頭。大学卒業後、いくつかの職業を経た後に、ニットデザイナーを本職とする。最新作は、宮沢りえさん、星野源さん、谷川俊太郎さんら12人のために編んだオリジナルのセーターを収録した『うれしいセーター』（ほぼ日）。

姉、ニットデザイナー、三國万里子。
妹、料理家、なかしましほ。

ふたりがこれまでに
出した本を並べてみました。
簡単でおいしいお菓子、
編んでも着ても楽しいニット。
小さな販売会から始まった
ふたりのものづくりは、
いま、たくさんの人の生活を
楽しく、豊かにしています。
そんな姉妹と一緒に、
あたらしい本をつくりました。
テーマはやっぱり
着ることと、食べることと、
そして、つくること。

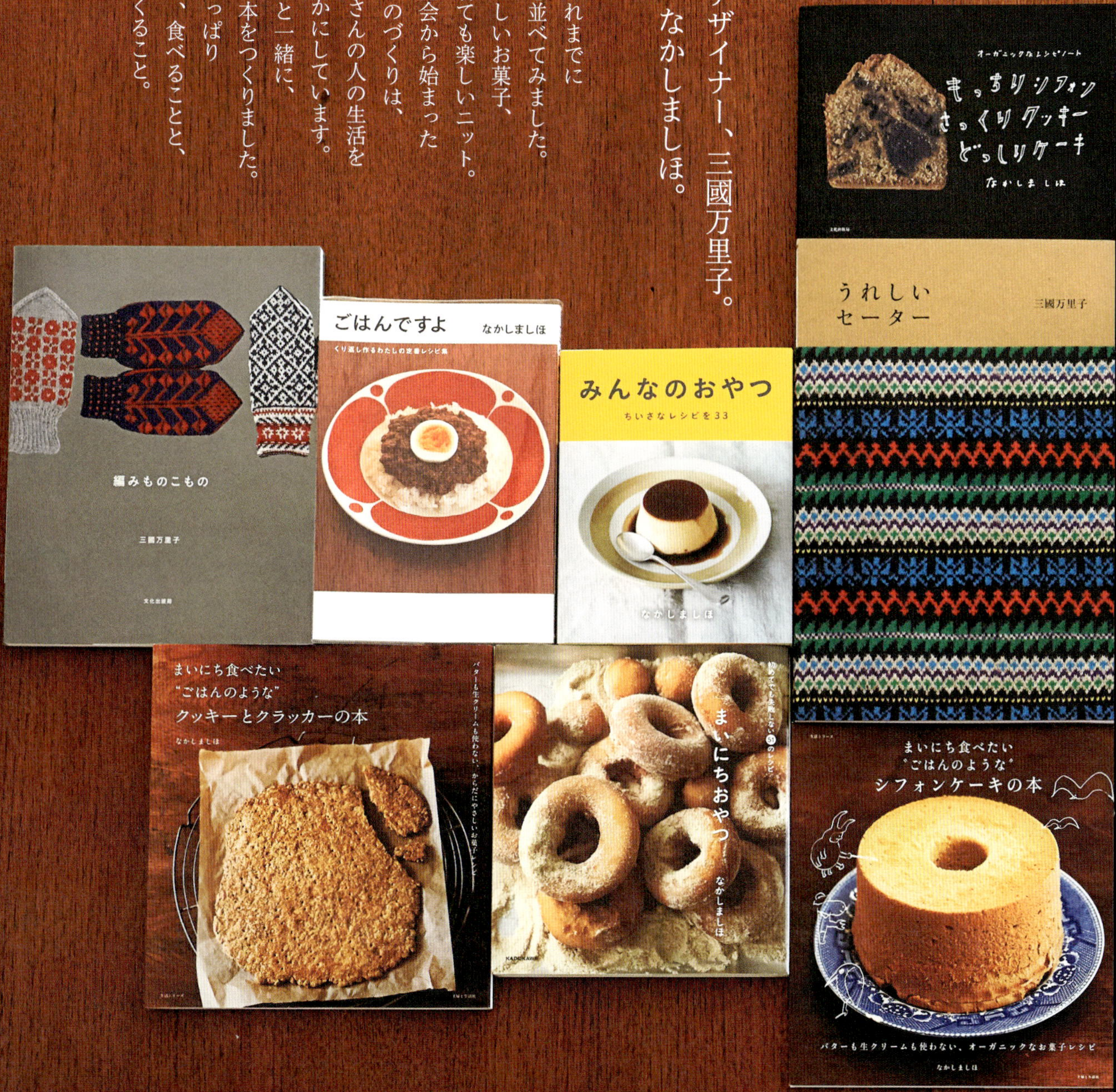

なかしましほ　SHIHO NAKASHIMA
1972年、新潟県生まれ。料理家。レコード会社、出版社勤務を経て、ベトナム料理店、オーガニックレストランでの経験を重ねたのち、料理家に。2006年「foodmood（フードムード）」の名で、からだにやさしい素材を使ってつくるお菓子工房をスタート。イベントやワークショップなどで活躍中。『まいにちおやつ』（KADOKAWA）は2016年料理レシピ本大賞お菓子部門大賞受賞。ほぼ日から発売中の『みんなのおやつ』はロングセラーに。

表紙について

写真＝長野陽一　スタイリング＝岡尾美代子

本誌の表紙に並んでいるのは、
三國万里子さん作のスカートと、
なかしましほさん作のケーキです。
スカートについては、
58ページからの記事をご覧ください。
ケーキのレシピは下に。

レモンケーキ

【材料】（レモン型ケーキ6個分）

卵……1個
きび砂糖……70g
生クリーム……50g

A
薄力粉……60g
アーモンドプードル……20g
ベーキングパウダー……小さじ1/2

B
レモン汁……大さじ1/2
レモンの皮のすりおろし……1/2個分
はちみつ……10g

バター……5g
ホワイトチョコレート……40~50g

【準備】

・型にバターを指先で薄く塗っておく
・オーブンは180度に予熱する
・A、Bはそれぞれあわせておく

【つくりかた】

1　ボウルに卵ときび砂糖、生クリームを入れ、泡立て器でよく混ぜる。
2　Aをふるい入れ、へらで粉気がなくなるまで混ぜ、
Bも加えなじむまでさっと混ぜる。
3　型に均等に生地を入れ、180度のオーブンで14〜16分、
竹串で真ん中を刺してべたべたした生地がつかなければ焼き上がり。
型から外し、網の上で冷ます。
4　ホワイトチョコレートはボウルに手で小さく割り入れ、
お湯にあててなめらかに溶かす。
3のケーキの表面にホワイトチョコレートをつけ、
かたまるまで網の上に置く。

もくじ

長津姉妹のこと。

取材・文＝永田泰大（ほぼ日刊イトイ新聞）
写真＝長野陽一

「手をつなぐの、いつ以来だろうね？」

雪の中で姉妹が話していた。

姉、三國万里子、1971年生まれ。妹、なかしましほ、1972年生まれ。姉はニットデザイナー、妹は料理家。ふたりはそれぞれの分野で多くのファンを獲得し、オリジナルの編み図やレシピを掲載した既刊本はいずれも版を重ねている。

異なる分野で専門家として別々に活躍する姉妹は、いわゆるカリスマではない。ふたりがつくるミトンやクッキーは、ブランド品として持てはやされるのではなく、多くの人の生活の中でとても実質的に求められている。

ふたりは、それぞれの道を通り、それぞれに場所をつくって、それぞれに求められるようになった。その「別々の感じ」がとても不思議だ。

姉と妹は切磋琢磨し励まし合ってきたわけではない。しょっちゅう手をつないで街に出かけたりしない。切り離せない一体性があるわけでもない。

それがとても不思議で、ふたりが生まれ育った新潟を訪れた。でも、なーんにもないところだよ、と姉妹は口々に言った。

ふたりが育った新潟県胎内市は広くてきれいで気持ちがよかったが、たしかに何もないところだった。色褪せたポスターや古びた辞書が部屋に残っている姉妹の実家は明るくて居心地がよかったけれど、ふたりが表現に格闘した跡のようなものはなかった。

結論からいえば、特別な姉妹のふるさとである新潟に、姉妹のものづくりの謎を解くような何かはなかった。

それでは、どうして姉妹は、それぞれに三國万里子となかしましほになることができたのだろう。

姉は早熟で、幼少期のさまざまな場面をとてもよく記憶している。勉強ができて、手先が器用で、習い事をそつなくこなし、とりわけピアノが上手だった。音楽の道に進むと思っていた、と妹は語る。

だいたいにおいて飲み込みが早かった姉は恐らく精神的に友だちよりも大人で、クラスで浮いた存在だった。自分の居場所をつくるときは、ピアノの腕前や、祖母から教わった手芸の腕前が役立ったという。「しーちゃん(しほ)はいつも元気でクラスの中心にいて学校を楽しんでたけど」と姉は言う。

活発で、男の子みたいで、姉がピンクを選ぶときにいつも青を選んで、食べることが大好きだった妹は、姉の認識を薄く否定する。余談だが、この「薄く否定する」というニュアンスは姉妹の根本的なムードの中にいつもわずかに流れている。

「楽しそうにやっていると思われてたけど、私は私で居場所をつくれずにいた」と妹は言う。ふたりはひどく疎外されたというわけではないが、それぞれに孤立を感じていた。といっても、それは小学校から中学校にかけての女子にありがちな傾向で、そこから全力で逃げ出すための動力源になったというほどではない。毎日は平凡で、退屈で、親友はとくにいなくて、ときどき嫌なことも起こった。地方の小さな町によくある構図だと思う。

家には大きな業務用の冷蔵庫があって、中には母親が配達する乳製品が入っていた。父親は少し離れた化学工場で働いていた。庭にはよく蛇がいて、姉はそれを大変怖がり、妹はむしろ抜け殻を探して遊んだりしていた。

一年違いとはいえ、姉が先に成長する。学校や家で我慢ならないことがあると、姉はトタンでできた屋根の上にのぼってしばらく降りてこなかった。妹は姉と違って多くの場面を記憶していないが、姉のそういう振る舞いに冷や冷やしていたことをよく憶えている。

のちに編みものとお菓子づくりの専門家になる姉妹は、子どもの頃、クリエイティブやアートに関して特別な教育を受けたわけではない。ただ、インターネットもスマホもない時代の田舎には、ひとりの時間がたっぷりあって、それは姉妹が当たり前にフェルトの小物をつくったりお菓子を焼いたりするためには都合がよかった。

姉妹のものづくりの萌芽にはっきりと影響したと思われるのは、学研から発売されていた『ピチ』と『メル』という小学生向けの雑誌である。『ピチ』は手芸を、『メル』は料理をコンセプトにしていて、読者が自宅で洋服やお菓子をつくれるように、たくさんのレシピや型紙、編み図が掲載されていた。

姉は『ピチ』を好んで読み、妹は『メル』を自分の本棚に並べた。掲載されたつくりかたを熟読し、服やお菓子をいくつもつくった。といっても、そこから作例を飛び越えてオリジナルの作品をつくり始めるということはなく、おそらく、縄跳びやシール集めなどと同じように、小学生の楽しみのひとつとして没頭したのだろうと思う。

ひとつ興味深いのは、姉妹がそこで棲み分けたということだ。仮に姉妹でなく、ひとりで両方の雑誌を自由に読むことができたら、『ピチ』派と『メル』派に分かれることはなかっただろうと思う。奪い合わないように、互いに互いの選ばないほうを選ぶ。二階の和室をアコーディオンカーテンで仕切って使うように。姉妹は年子で背格好も似ていたから、意地を張り合おうと思ったら際限なくできたし、実際に喧嘩もよくした。それゆえ、棲み分ける心地よさも知っていたのだろうと思う。

実家には当時姉がつくったフェルトの小物がいまもたくさん残っている。ひとつひとつをお母さんがきちんと保管していて、どれも驚くほど保存状態がいい。居間の棚に残る古いオーブンは妹が小学校の頃に使っていたもので、クラブ活動で使うときはお祖父さんが学校まで運んでくれたそうだ。さすがにいまは使われていない。同じ棚には姉妹がつくった本や掲載された雑誌、著書が賞をとったときのトロフィーなどが並んでいる。

姉は大学進学のために東京へ出て、「無理に居場所をつくらなくてもいい自由」をようやく得た。2年ほど遅れて妹も東京へ出てきた。ふたりは同じ部屋で2年暮らした。もう喧嘩はしなかったが、それはふたりの関係が変化したというよりも、東京という自由と負荷のたっぷりある街で暮らすにあたり、衝突して疲弊するよりも優先すべきことがたくさんあったからだろう。

ふたりは休日には一緒に出かけることもあったし、同じものから影響を受けて似た方向に理想を重ねることもあった。姉妹はそれぞれに本を読み、音楽を聴き、映画を観賞し、おいしいものを食べて、笑ったり、学んだり、ときどき語り合ったりした。そして、よいタイミングで、ふたりの暮らしは健全に分かれた。

社会に出るときに不器用だったのは姉のほうだ。たとえばアルバイトひとつ取っても、姉はなかなか現場にフィットしなかった。レジ打ちというものがぜんぜんできなかったのです、と姉は言う。ちなみに姉の口調は少し文語調で、それは現在も彼女の持つユニークな特徴のひとつである。

姉はまるで興味のない秋葉原のゲームショップで働いてみたり、ひょいと東北の古い温泉宿で住み込みの仲居として働いたりした。器用で、早熟で、高校時代に洋書を独学で訳しながら読んだりしていた姉は、歳を重ねて自由になった分だけ、漂うときにとりとめがなかった。

一方で妹はやりたいことをひとつずつ確かめていった。ロックが好きだった妹は大手の音楽出版社で編集者として働いた。自分の興味がどうしても食べ物にあると確信してからは、好きな店の調理場に立って経験を重ねた。なんでもできた姉の背を見ながら、そのときどきで流行りにも普通に乗っていた妹は、自由の中にいるからこそ、まず足もとを踏み固めようとした。

二十代、ふたりの生活は不確かだ。姉はどちらかといえばふらふらと、妹はひとつひとつ選択を確かめるように過ごし、いずれにしてもまだ地盤を築かなかった。一旦それを若さ故と肯定するにしても、三十代を迎える頃には姉妹は生活の底に少しままならぬ思いを溜め始めた。もちろん、それは不幸とくくられるほどのものではない。ただ、のちのふたりの活躍を知っていると、姉妹の二十代には何か新しいことが始まるという予感に乏しい。

進む道は定まらなかったが、姉妹はそれぞれパートナーに恵まれて結婚した。姉には子どもができて、しばらくは育児で忙しかった。妹はレストランでさまざまな技術を身につけたあと、食の道へ本格的に進むべく、フリーの料理人となった。お店を開くほどの資金はなかったので、通販でお菓子を売ったりしていた。

姉はお母さんになり、妹はお菓子づくりを続けた。それでまったく問題はない。けれども、ふたりとも、それを自分の到達点とは認めなかったのではないか。そして、あえて書いておくけれども、三十代のふたりの生活は安定していなかった。困窮するというほどではないが、姉はそろそろ働かなくてはと思っていたし、妹はお菓子をつくる傍ら、本屋さんや薬局でアルバイトをしていた。

ふたつの場面を姉妹はそれぞれに憶えている。のちに三國万里子として知られる姉の記憶はこういうものだ。

「妹と、渋谷のマルイの一階の喫茶店でお茶をしていました。私は子どもを産んでひと段落した頃で、そろそろ働かなければと思っていました。でも働くにしても、レジとかが本当に苦手で、どんな仕事をすればいいのかまったくわからない。ものをつくるのが好きだと言っても、世の中にはデザイナーがわんさといるんだし、私の出番なんてないよね、と、妹に愚痴を言いました。さらには、息子が大きくなって、親や夫が死んだら、きっともうすることもないし、実家の畑に冬の夜中に出て行って、そこで眠れば死ねるでしょう、と。妹は少し黙っていました。そして、真面目な顔で、自分が勤めているレストランで、ふたりで何か小さいイベントをやらない、お姉ちゃん、と言いました。私はお菓子をつくるからさ、お姉ちゃんはなんか布の小物とか、そういうのつくりためて、売ってみようよ、と」。

なかしましほとして、姉よりも2年先に最初の本を出すことになる妹が憶えているのは、こういう場面だ。

「子育てをしながら姉は専業主婦をしていたのですが、編みものはずっと続けていたので、毎年、私や私の周囲にいる人たちにいろいろなものを編んでくれていました。その頃、姉の家に遊びに行ったときに、何か物を探している姉が押入れを開けたことがありました。そこにはプラスチックの衣装ケースがあって、そのなかに、セーターや帽子、マフラーといったたくさんの編みものが詰まっているのを私は見つけてしまったのです。まるで、『鶴の恩返し』の開けてはいけないふすまを開けてしまったようでした。姉はちょっと恥ずかしそうにしていて、誰に渡す予定もないものだと言いました。私は、このままにしておくのはもったいない、きっと欲しいと思う人がたくさんいるよ！と姉を説得して、それを売ろうと提案しました」。

トタンの屋根の上にのぼってぼんやりしていた姉を、庭に立つ妹が見つけて「お姉ちゃん」と声をかけたと表現するのは、そういった物語の好きな第三者の都合のよい解釈かもしれない。

ともかくそのようにして、「長津姉妹店」というふたりの作品販売会が始まった。「長津」はふたりの旧姓である。

長津姉妹店はすぐに評判になった。お客さんが長い列をつくり、やがて集客数に見合った場所を探すのに苦労するようになった。

当初、姉は編みものだけでなく、布をつかったさまざまな小物も売り物として並べていた。それをニットに特化した理由を訊くと、シンプルで意外な答えが返ってきた。

「求められたからです。人気があったんですよ。たくさんつくって並べても、すぐに売れてしまって。欲しいと言ってくれる人がたくさんいたから、たくさんつくりました。そして、いつの間にか、ミトンが看板商品のようになっていった」。

同じような答えを聞いたのは、妹に「バターをつかわないお菓子のレシピ」にたどり着いたのは、どういう理由があったのかと尋ねたときだった。

「自分が生き残る道はそこだと思ったんです。もちろん、身体にうれしいものをつくりたかったという気持ちは大きいです。家族にアレルギーもあったし、できるだけ納得のいくよい素材でおいしいものをつくりたかった。でも、たくさんのおいしいお菓子やレシピがあるなかで、自分が求められるとしたら、そこだろうなと思いました」。

その姿勢はいまも変わらない。つまり姉妹は主張や自己表現のためにつくるのではない。求めてくれる誰かに向けて、そこに生じる喜びのためにつくるのだ。独創性や独自の表現があるとしても、それはお客さんの喜びの向こう側に添えられる。だからこそふたりのつくるものは、妙にブームになったりすることなく、人の生活の中に溶けていく。そこに到るまでにふたりが迷ったり確かめたり試したり困ったりしたからこそ、つくるものが生活する人たちに受け入れられるのだろう。

長津姉妹店は評判になり、ふたりがそれぞれに本を出して名前が知られるようになって、その作品販売の会は続ける必要がなくなった。

ふたりは、「長津姉妹」ではなくて、「三國万里子」と「なかしましほ」になった。

お母さんが姉妹のためによくつくってくれたオムレットケーキを、なかしましほさんが以下のようにアレンジ。「卵２個と砂糖40gをもこもこになるまで泡立て、薄力粉50gを混ぜ、紙の上にお玉一杯分を丸く広げる。４分蒸し、冷めたら甘い生クリームといちごをはさむ」。簡単でおいしい。

姉、三國万里子と、妹、なかしましほは、それぞれに別の道を通って自分の居場所をつくった。誰の目にも明らかな天賦の才に恵まれたとは思えないし、幼少期にそろって特別な教育を受けたわけでもない。切磋琢磨し励まし合ってきたわけではない。しょっちゅう手をつないで街に出かけたりもしない。切り離せない一体性があるわけでもない。母親は姉妹におそろいの服をつくってくれたし、父親は何時間ものをつくって遊ぶ子どもを咎めずおもしろがってくれたけれど、全国の地方都市でそういった家庭がめずらしいかというとそうではないと思う。

　運命の要素があるとしたら、姉妹が別々の道を通りながらも、同じようなときに同じような境遇にいた、ということだ。退屈、進学、上京、結婚、なかなか安定しない生活。一方がそれらを乗り越えるとき、別の場所でもう一方もそれを乗り越えようとしていた。辿った道は違ったけれど、曲がった角の数は同じだったかもしれない。

　そして、ふたりは喧嘩もしたし、趣味の違いも大いにあったけれど、ふたりにとって大切な瞬間には一緒にいて、互いの力を求め合った。長津姉妹でいるべきときには、長津姉妹でいた。

　姉が妹を語るとき、妹が姉を語るとき、そこに家族っぽいべたつきはない。まったく他人ではないから、過剰に礼儀正しく相手を敬うということもない。要するに、ふたりがふたりを語るとき、とても冷静なのである。

　だから、「彼女がいたから、いまの私がある」とは姉妹は言わないし、実際、そうではないと思う。しかし、たっぷりと昔の話を聞かせてもらったあとに、「ひとりだけでもいまの場所に辿り着きましたか？」と訊くと、ふたりは真剣に考えたあとで、同じように首を振る。

「たとえば何かをつくるとき、しーちゃんに半端なものは見せられない、という気持ちは、いまでもあります」

「姉がいることで、どこか、競い合うようにして、ここまでがんばって来ることができた、というのはあると思います」

　ものをつくる自分をぎりぎりのところで維持するためにふたりで始めた長津姉妹店。その活動を終えたあと、ふたりは共に何かをつくったことがない。その意味で、この本は、長津姉妹の久々の共作であるといえる。

「手をつなぐの、いつ以来だろうね？」

　雪の中で姉妹が話していた。ヌ

姉妹とめぐる、新潟市内の思い出の場所。

十代の多感な時期に姉妹がうろうろしていた新潟市内。
まだ残る老舗、思い出のあの場所、
大人になってからのお気に入りのお店も含めて、
案内してもらいました。

萬代橋　新潟市中央区

万代と古町という、新潟市のふたつの人気エリアを結ぶ橋。現在の萬代橋は三代目で、国の重要文化財。中高生時代、新潟市でいろんなものを吸収するということは、この橋を度々渡る、ということだったそうです。6つのアーチが連なり、全長は300メートル以上。

みかづき

みかづき 万代店
新潟市中央区万代1丁目6－1
バスセンタービル2F
TEL 025-241-5928

新潟の人たちはみんな知ってる「みかづき」。新潟県内を中心に20以上の店舗を持つチェーン店です。人気メニューは新潟のソウルフードともいわれる「イタリアン」。イタリアンはスパゲティじゃありません。言ってみれば、トマトソースのかかった焼きそば。これがなかなかおいしいのです。添えられた白い生姜がクセになるかも。

丸屋本店

新潟市中央区東堀通6番町1038
TEL 025-229-3335

明治11年創業の和菓子店。高校生の万里子さんがこのお店によく来た理由は「当時は喫茶店に入れなかったんだけど、シュークリームを買うと、奥のスペースでお茶を飲むことができた」から。「ここのシュークリームはクリームがしっかりしているんです」としほさん。東京から帰郷したときもここのお菓子を実家へのお土産にすることがあるとか。

加島屋

新潟市中央区東堀前通８番町1367
TEL 0120-00-5050

姉妹が大人になってからよく訪れるという老舗の加島屋さんは、鮭やうにの瓶詰めをはじめとした海の幸が充実。その他新潟各地の名産品がそろっています。店内の厨房でつくられるお総菜も人気。この日も姉妹は本気で買い物してました。２階のお食事処「茶屋長作」で姉妹が必ず食べるのはソフトクリーム。開店前に一枚一枚手焼きしているコーンが香ばしい。

大阪屋

新潟市中央区古町通７番町1006-1　TEL 025-229-3211

姉妹が子どもの頃から味に親しんでいる大阪屋さん。とりわけお気に入りは昭和33年から販売しているというバウムクーヘン。ふたりが上京した後、お母さんから送られてくる荷物の中にかならずこれが入っていたそうです。店内で撮影させてもらったのですが、「持ってるだけでいいです」って言ってるのに、しほさんがついバウムクーヘンを食べちゃって困りました。

レインボータワー

新潟市中央区万代１丁目６−１バスセンタービル

姉妹が小学生の頃、新潟市に家族で出かけると、ちょっと高級な中華料理を食べて、大きな本屋さんに寄って、このレインボータワーにのぼるのがお決まりのコースで、ふたりはそれを楽しみにしていたそうです。高さ100メートル、展望台が上下して、新潟市内を一望できる七色の展望塔……なのですが、2012年で営業を終了し、現在はのぼることができません。

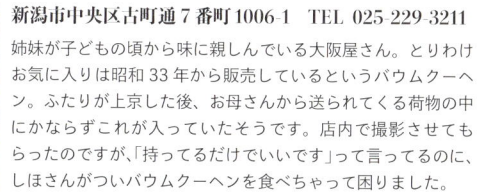

Essay 新潟、憶えていること。

姉と妹が綴る新潟についてのエッセイ

ほかほかさん

三國万里子

いい季節になると母は父を誘って車で浜に行き、夕食に蕎麦を食べる。蕎麦屋に行くのではない。持って行くのだ。バスケットに茹でた蕎麦と薄めたそばつゆと薬味、あとデザートのスイカと保冷剤を入れて車に積み、浜の駐車場に向かう。着いたら海を見下ろすブロックに腰掛け、夕日を眺めながら蕎麦をすする。スイカを食べ終えて父が一服したら、暗くなった海を背に家へ戻る。

　父は有無もなく母についてゆき、きっとこれが当たり前だと思ってる。いつもの母。自分たちにとっての普通。でもさお父さん、こんなことしてくれるお嫁さん、実はどこにもいないよ。ユー・アー・サッチ・ア・ラッキー・ガイ。本当にそうだよ。

　こどもの頃、「うちのお母さんは普通か」ということで悩んだ。朝になるとツーステップを踏みながら寝室に入ってきて、「あさだあーさーだー」と歌いながらカーテンを開ける。雑種のタロウに向かって名犬リンチンチンと呼びかけ、でもご飯をあげるときは「たろーたろーたろたろわんわんわん、みつわーみつわーみつわのたーろ」と「名犬ラッシー」の主題歌を替え歌にして歌っていた。そのうち母が普通かなんて考えもしなくなった。ただ小さな体からいつも何か熱みたいなものを出してるよねと思っていた。

　東京に出て下宿生活を始めると週一くらいの割合で母から荷物が届いた。野菜と果物と缶詰(父がパチンコで取ってきたやつだ)と手作りのお惣菜。近況をメモ用紙に書いたのがいつも上に乗っていた。わたしは当たり前のように受け取った。大学生活の楽しさに紛れて「着いたよ」という連絡をしないこともあった。卒業して働き出しても荷物は届き続けた。さらに結婚してから20年近く、今に至るまで、母は荷物を送ってくれている。妹のところにも同様に届いているはずだ。

　母が差し入れをする相手は肉親だけではない。例えば山の中で新しい喫茶店を見つける。夫婦二人で頑張ってやっている。なんか感じがいい。となると次に行く時には軽自動車のトランクに大きなスイカを2個ばかりつけて持って行ってあげる。新潟市内の書店の主人があまり儲かっているようにも見えないのに5人もこどもがいると知ると、カボチャやら果物を行くたびに届ける。

　康子というのが母の名前だ。康子さんはチアフルだ、と言ってみる。間違ってない。さらに言うと、小さいだるまストーブみたいな人だ。ほかほかさん。朝起きて、自分が生きていて、世界があるから、自分のエネルギーを燃やして周りをあったためている。隣にいるお父さんのことも。世話をしている95歳の年寄り3人のことも。

　1年の半分が寒くて暗い新潟で。

にいがたのこと

なかしましほ

思い出す故郷の空はたいてい冬のグレーで、家からは櫛形《くしがた》山脈が見え、端っこには父が働いている工場の赤いえんとつがあった。こどもの頃は外で遊んでいてもまずはえんとつの存在を確認した。えんとつが見えると父がそこにいるんだと思えてほっとした。

春、家の裏はどこまでもチューリップ畑が広がり、夏、かえるたちの大合唱がうるさかった。田んぼからおたまじゃくしをたっぷりすくっては、家の池に放流していた。秋、吹きっさらしの風がごーごーと嵐のようで、家がみしみしいっていた。冬、雪がたくさん降る日は、しんしんと雪の音が聞こえた。

夜は夜で、田んぼに囲まれた集落はどこまでも真っ暗でしんと静まりかえり、ときどき、遠くから貨物列車の音が聞こえた。あまりにも静かなのが怖くて、家の隣がお墓なのがさらに怖くて、わたしは上京するまで夜中にひとりでトイレに行けなかった。家族がトイレに行く音を聞きつけては、布団から駆け出してついて行っていた。布団に電気あんかをセットして、ラジオを聴くのが楽しみだった。AMがなかなか入らなくて、ロシアや韓国の言葉がいつも混じっていた。

そんな場所でわたしは育った。

姉と両親と祖父母の6人家族。ちびまるこちゃんと同じ家族構成のわが家は、食事は毎日必ず全員揃って、土曜日はおじいちゃんの膝の上で「全員集合」を観た。当時は自分の毎日が楽しいのか普通かなんて考えることもなかったけど、あの時代にあの場所で生まれ育ってよかったなあといま、思う。

十代の自分は、すこししんどかった。ほとんどの時間はともだちと楽しく過ごしていたけれど、ある朝目が覚めたら、目が回って布団から出られなくなったり、心配事でお腹が痛くて薬が手放せなかったり、それなりにしんどいこともあって、でもその頃はみんなそうだったんだろうなと思う。

やっぱり当時も、これが普通かどうかなんて思いもしなかった。ただ、東京に行きたかった。新潟とは別の世界を見たいと思っていた。

新潟で20年、東京で20年を過ごして、やっといま新潟を懐かしく思えるようになっていることに気付く。

新潟の星空は最高なんだよと、みんなに自慢したい。

はたらくじかん

アダムとイブとニュートンとセザンヌと
ジョブズとビートルズと万里子としほと

作詞・糸井重里

1

だれが　りんごを食べてるときも
てってこ　てってこ　くるくるりん
てってこ　てってこ　くるくるりん
おいしい知恵の実　あまずっぱいか
てってこ　てってこ　くるくるりん
てってこ　てってこ　くるくるりん

2

どこかで　りんごが落ちてるときも
てってこ　てってこ　くるくるりん
てってこ　てってこ　くるくるりん
りんごと大地は　ひっぱりっこしてる
てってこ　てってこ　くるくるりん
てってこ　てってこ　くるくるりん

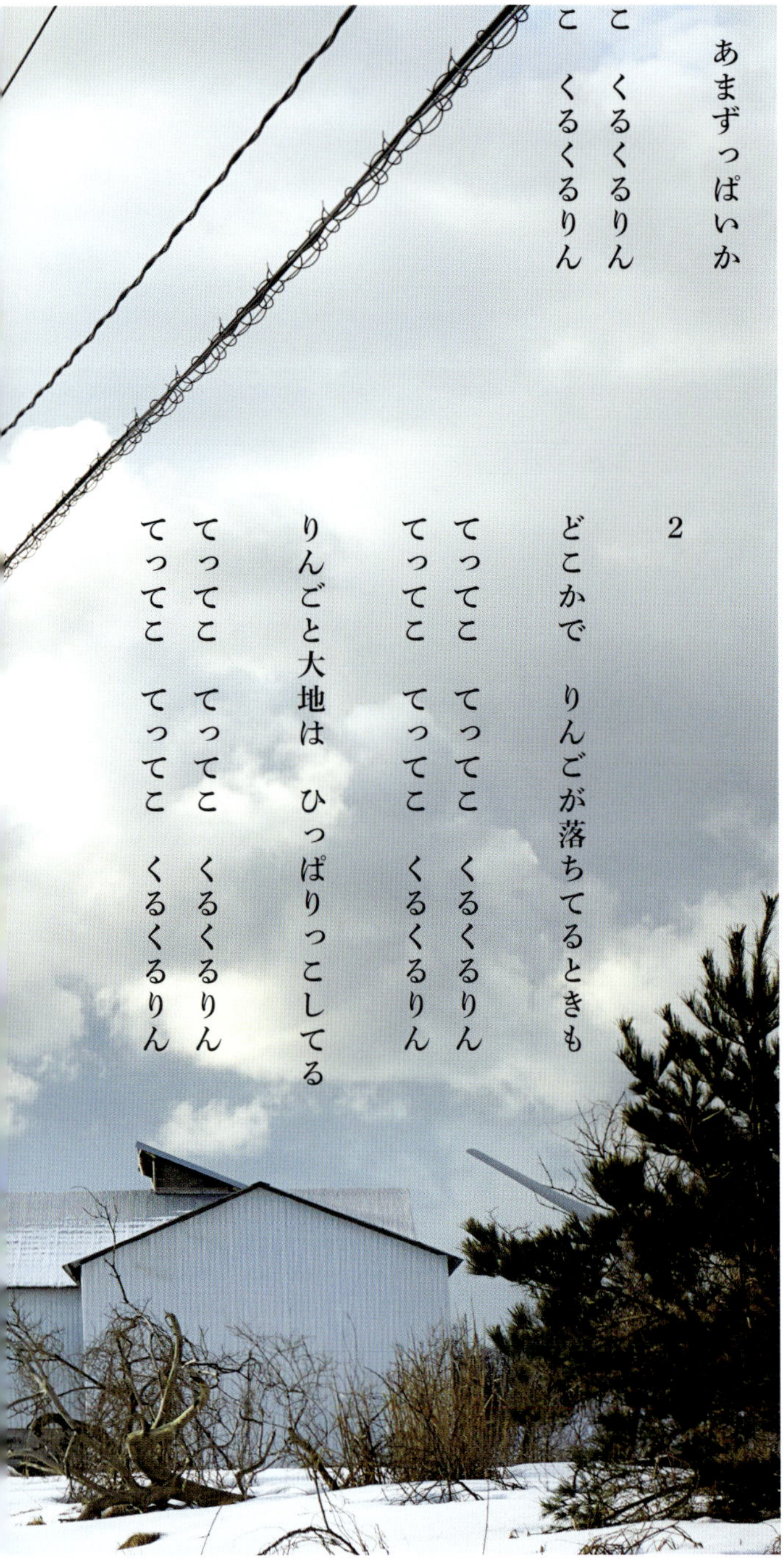

編みものやお菓子づくりのときに
くちずさめる労働歌をつくろう、
ということで姉妹が糸井重里に
発注しました。作曲者は未定。

3

だれかが　りんごを見ているときも
てってこ　てってこ　くるくるりん
てってこ　てってこ　くるくるりん

りんごは描かれ　絵になっていたよ

てってこ　てってこ　くるくるりん
てってこ　てってこ　くるくるりん

どんなことがあっても　くるくるりん
なんださかこんなさか　くるくるりん
すってんてれすこ　くるくるりん
なんでもかんでも　くるくるりん
でたらめはたらめ　くるくるりん
がちゃがちゃがらがら　くるくるりん
（あとはてきとうに　でたらめに）
まりちゃんも　しほちゃんも　くるくるりん

しーちゃんのチョッキ

お菓子をつくる妹に、姉が編んだ一着のニット。

姉の万里子さんが、妹のしほさんに、
一着のチョッキを編みました。
カラフルで軽やかなニットは、
やっぱり「しーちゃん」に似合いました。

「しーちゃんのチョッキ」の、編み図もご紹介。
編んで、あなたが軽やかに着ることもできます。

「着てみて最初に思ったのは、『軽い』でした。
いままで編んでもらったどのチョッキよりも軽くてふんわりしています」（しーちゃん）

　写真＝長野陽一　スタイリング＝岡尾美代子（P22）、なかしましほ　ヘアメイク＝茅根裕己（Cirque）

「この色の組み合わせは、わたしの好みを知っている姉ならではだと思いました」（しーちゃん）

お礼に毎年、1枚ずつ編んであげていたので。

姉・万里子さんに質問をしました。今回、しーちゃんに、ニットウェアの中でもチョッキを編もうと思ったのはなぜなのでしょう？

万里子「妹は菓子職人という職業柄、袖の長いセーターをあまり好みませんが、編み込みのチョッキはとても好きなのだそうです。『長津姉妹店』というイベントをしていた頃、DMの製作やらいろんな面倒を見てくれた妹に、お礼に毎年一枚ずつチョッキを編んであげていました。ここ数年、それができずにいたので、今回いい機会をもらったと思って編みました」

『長津姉妹店』とは、2000年から2010年まで、年に一度だけ開かれていた編みものとおやつのお店です。この催しが開かれるたびに、お姉さんは妹のしーちゃんへ、〝感謝のチョッキ〟を編んでいたのですね。質問を続けましょう。このチョッキの、特徴は？

万里子「カラフルですが、いわゆるフェアアイルの技法を使っていません。柄が入っている場所も二色同時に編むのではなく、一色ずつ〝すべり目〟をしながら編んでいきます。編み込みが苦手という方にもおすすめです」

ちなみにチョッキの形に関しては、「肩幅は小さめで前が開くのがいい」というしーちゃんからのリクエストがあったのだそうです。最後に、もうひとつ質問を。チョッキを実際に身につけたしほさんを見て、どのように感じました？

万里子「大事にされている人、に見えました。ユーモアとかゆとりを持っている人、にも見えた。色のせいもあるのか、しーちゃんがぽわんと発光しているようにも感じました。……あと、質問への答えではないのですが」と、姉はことばを続けました。

「しーちゃんは自称ぶきっちょで、自分で縫ったり編んだりをしないせいか、こうした手仕事へのリスペクトがとてもある人です。編んであげる甲斐があります」

しーちゃんちのタンスに、手編みのチョッキが一枚、久しぶりに仲間入りをしたのでした。というお話。

「わたしは普段、カラフルな服をあまり着ないのですが、ニットになると色合いがやわらかくなってちょうどよく馴染んでくれます」（しーちゃん）
※ちなみになかしまさんの身長は161cm。しっかり体型（本人談）。

しーちゃんのチョッキのつくりかた

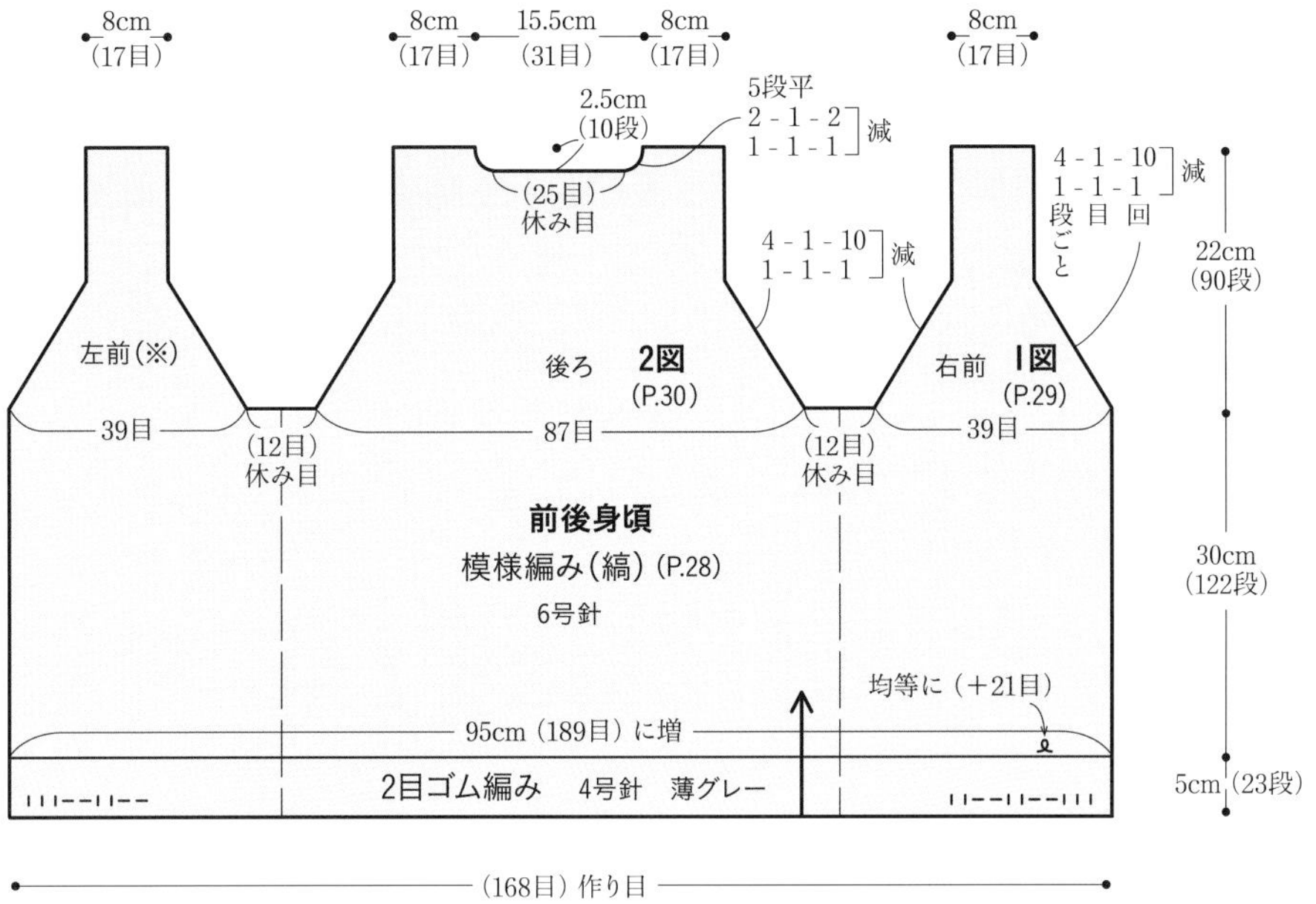

※後ろの左袖ぐりと左前は**1図・2図**を参照して
左右対称に減らしながら編む

糸
ジェイミソンズ
シェットランドスピンドリフト
配色と使用量は28ページにあります。

用具
6号、4号80cm輪針
（輪針で往復に編む）
4号4本棒針（袖ぐり用）
かぎ針4/0号
（引き抜きはぎ用）
毛糸とじ針

ボタン
直径1.4cmを6個

ゲージ
（10×10cm）
模様編み（縞）20目40.5段

サイズ
胸囲98cm 背肩幅35cm
着丈57cm

編みかた
糸は1本どりで編みます。
前後身頃
168目作り目（31ページ参照）します。4号針で2目ゴム編みを23段編み、6号針に替え、189目に増します（目と目の間の渡り糸をねじって増す）。ガーター編み2段、模様編み（縞）120段編めたら、右前→後ろ→左前の順に、図のように減らしながら左右対称に編みます。編み終わりの目は休めます。

（31ページへ続く）

2目ゴム編み（裾）

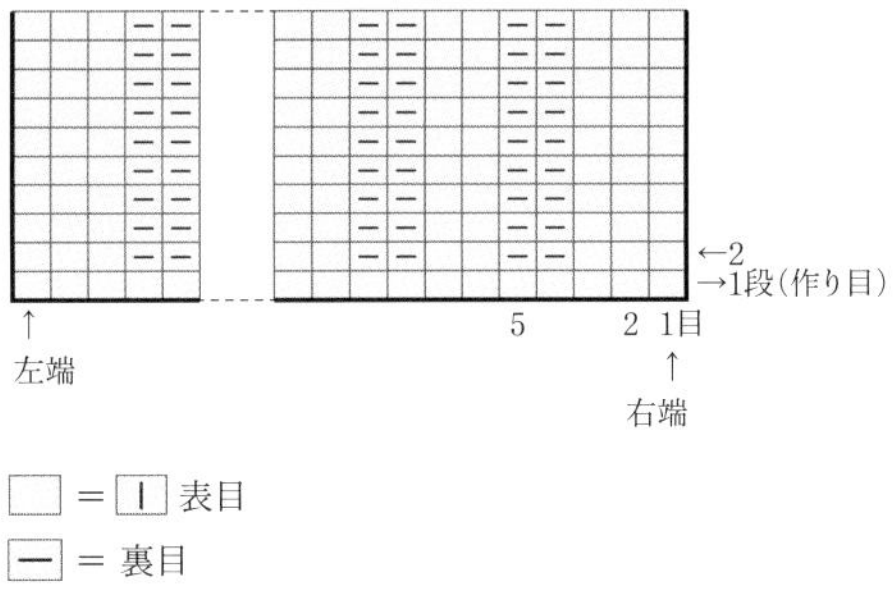

ステッチのレッスン

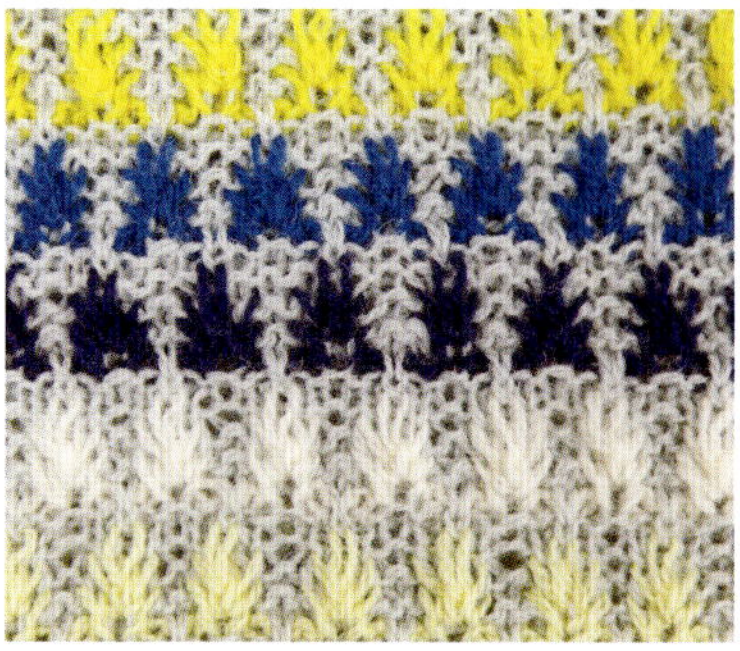

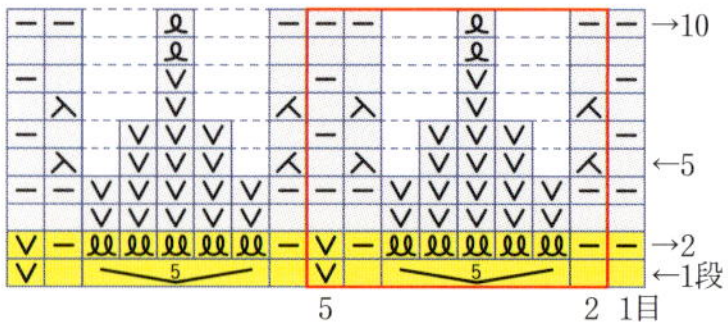

1段め 5 ←

1

5目の編み出し増し目は、1目から5目を編み出します。糸を向こうにおき、表目を編みます。

2

編んだ目はかけたまま、右針に糸をかけます（かけ目）。

3

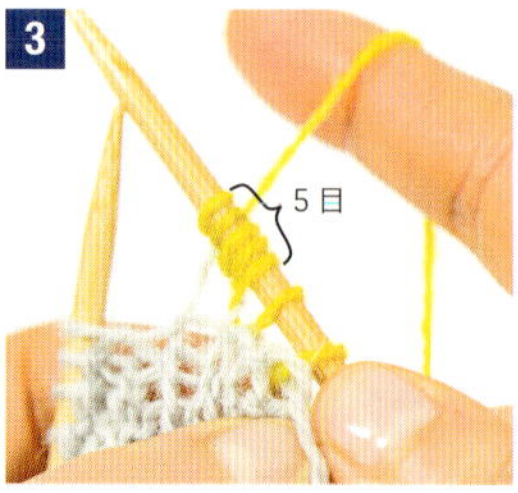

同じ目に表目、かけ目、表目を編み、5目編み出します。

V ←

4

すべり目は、糸を向こうにおき、右針を向こうから入れます。

5

編まずに右針に移します。

2段め ℓℓ →

6

2回巻きのドライブ編み(裏目)は、糸を手前におき、右針を向こうから入れます。

7

右針に糸を2回巻いて、裏目の要領で編みます。

8

1目編めたところ。同様に5目繰り返します。

9

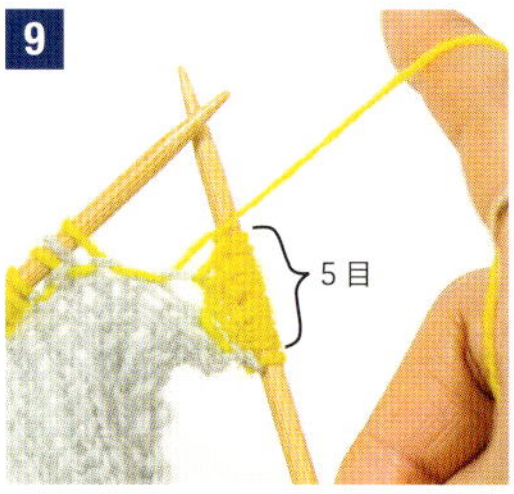

2回巻きのドライブ編み（裏目）が5目編めました。

V →

10

裏段のすべり目は、糸を手前におき、右針を向こうから入れ、編まずに移します。

3段め VVVVV ←

11

3段めのすべり目は、糸を向こうにおき、前段で巻きつけた糸を伸ばして右針に移します。

12

同様に5目繰り返します。

4段め VVVVV →

13

裏段のすべり目は、糸を手前におき、5目一緒に右針に移します。

5段め 人 ←

14

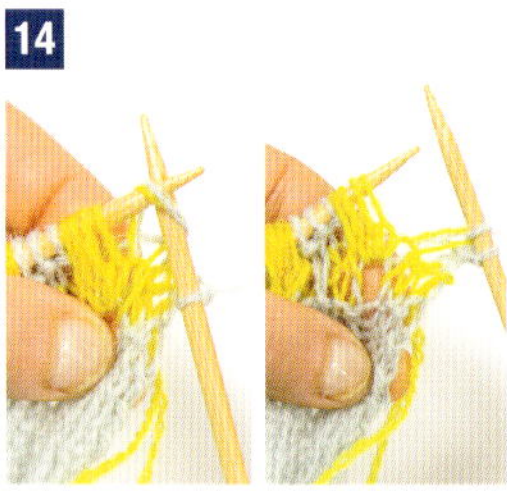

左上2目一度は、2目の手前から右針を入れ、2目一緒に表目を編みます。

左上3目一度

1

3目の左側から右針を一度に入れます。

2

右針に糸をかけて引き出し、3目一緒に表目で編みます。

3

左上3目一度が編めました。左の2目が右の目に重なり、2目減りました。

右上3目一度

1

最初の目に右針を手前から入れ、編まずに移します。

2

次の2目に右針を手前から入れ、2目一緒に表目で編みます。

3

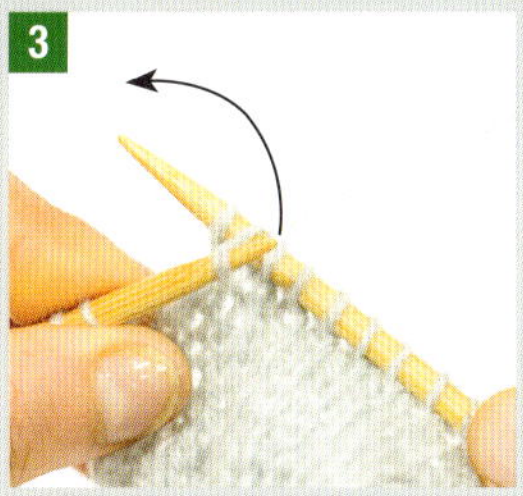

移した目に左針を入れ、矢印のように編んだ目にかぶせます。

4

右上3目一度が編めました。中央の目の上に左右の目が重なり、2目減りました。

←

15

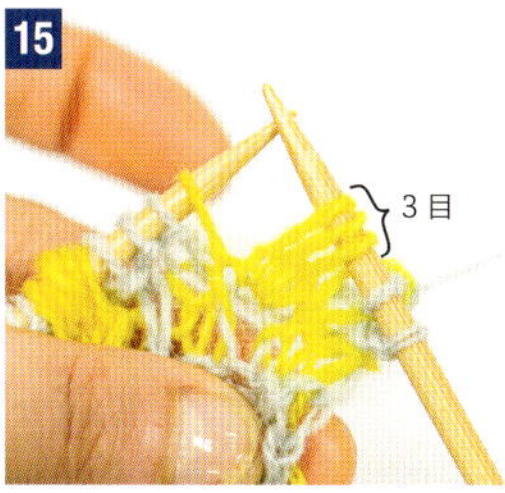

5段めのすべり目は、糸を向こうにおき、3目一緒に右針に移します。

←

16

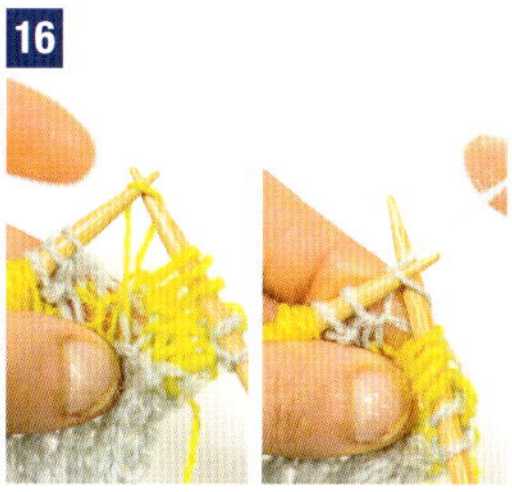

右上2目一度は、右の目に手前から右針を入れ、編まずに移し、次の目を表目で編みます。

17

移した目に左針を入れ、矢印のように編んだ目にかぶせます。

18

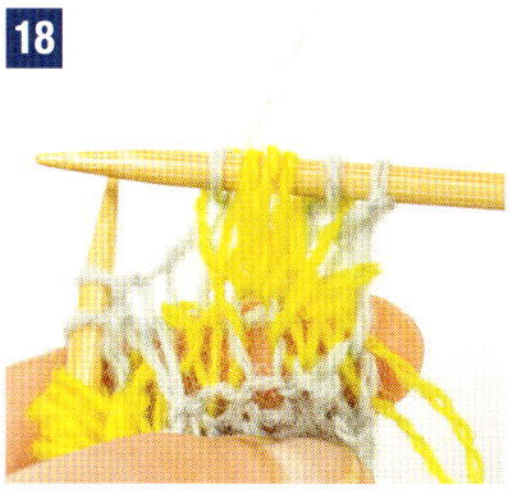

右上2目一度が編めました。

9段め ←

19

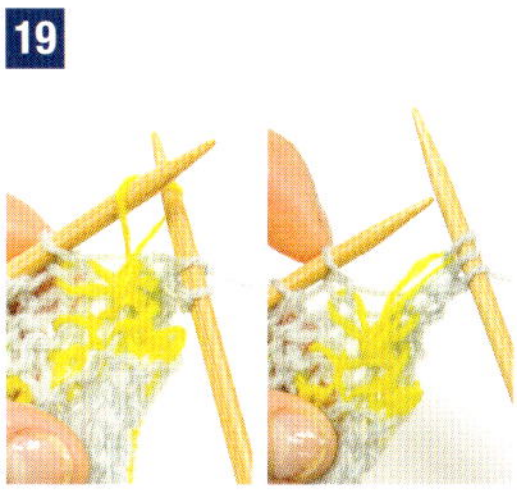

ねじり目は、糸を向こうにおき、右針を向こうに入れて、表目を編みます。

10段め →

20

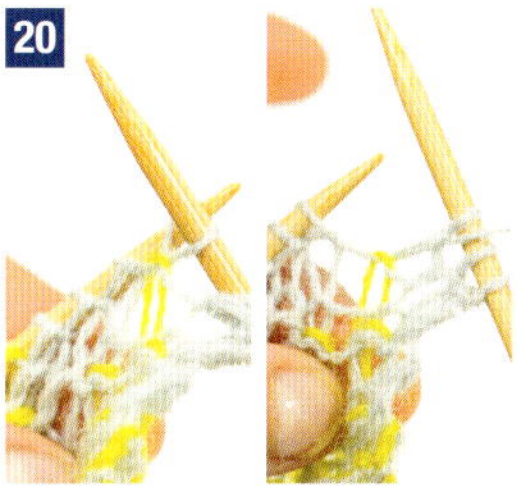

裏段のねじり目は、糸を手前におき、右針を向こうから入れ、糸をかけて裏目を編みます。

21

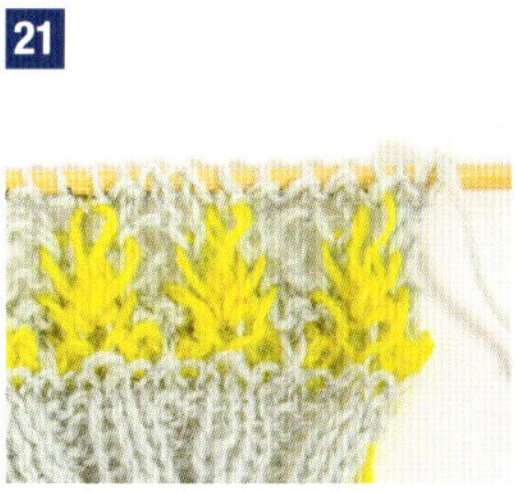

10段めまで編めました。

模様編み(縞)

配色

=768 Eggshell(薄グレー) 142g

=400 Mimosa(黄色) 14g

=350 Lemon(レモン色) 12g

=104 Natural White(白) 14g

=710 Gentian(紺) 12g

=750 Petrol(青) 10g

= | 表目

= 裏目

5 =編み出し増し目
(1目に5目編み出す)

= 2回巻きのドライブ編み
(裏目を編む要領で針を入れ、
右針に糸を2回かけて引き出す)

= ねじり目

= すべり目

= 右上2目一度

= 左上2目一度

=1模様

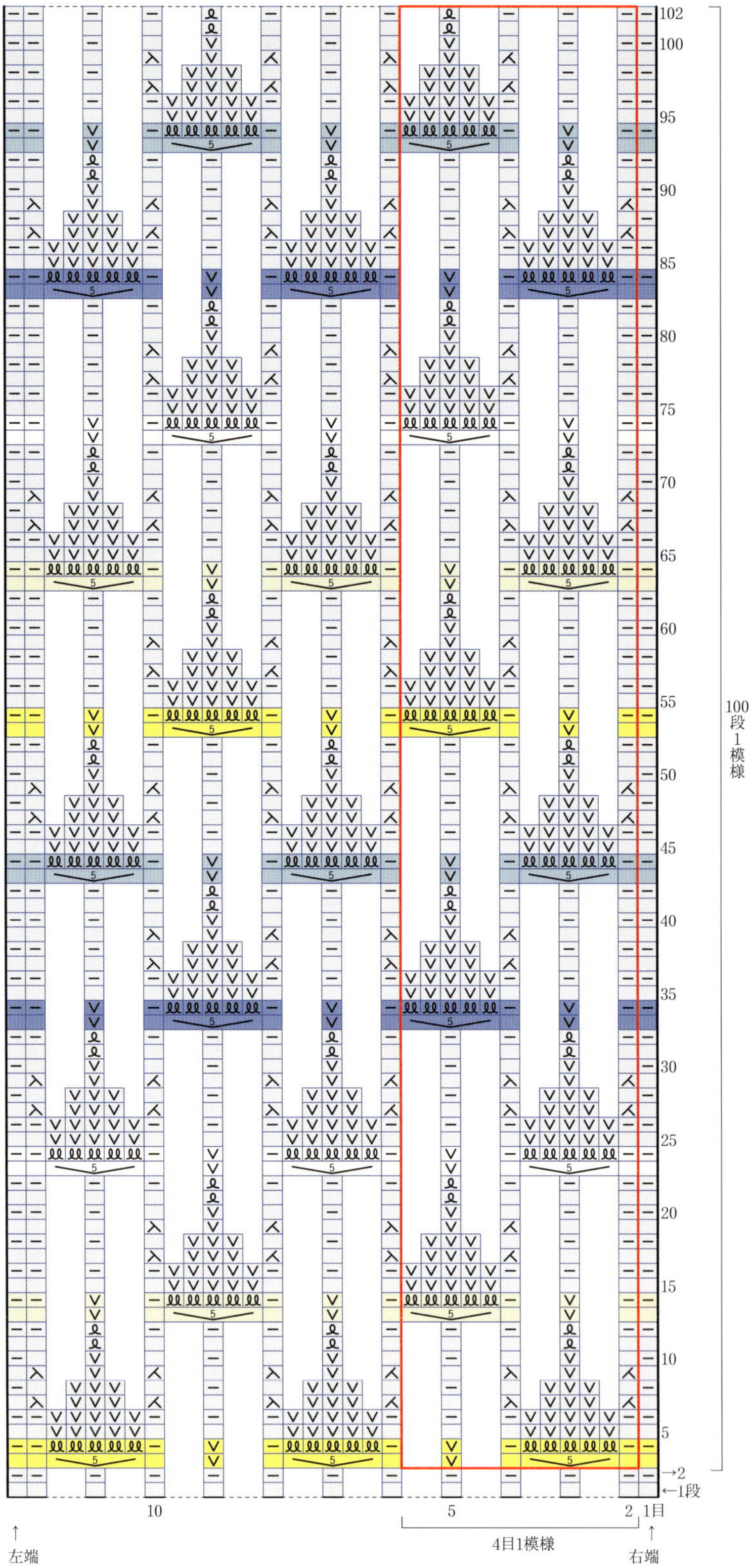

右前　I図

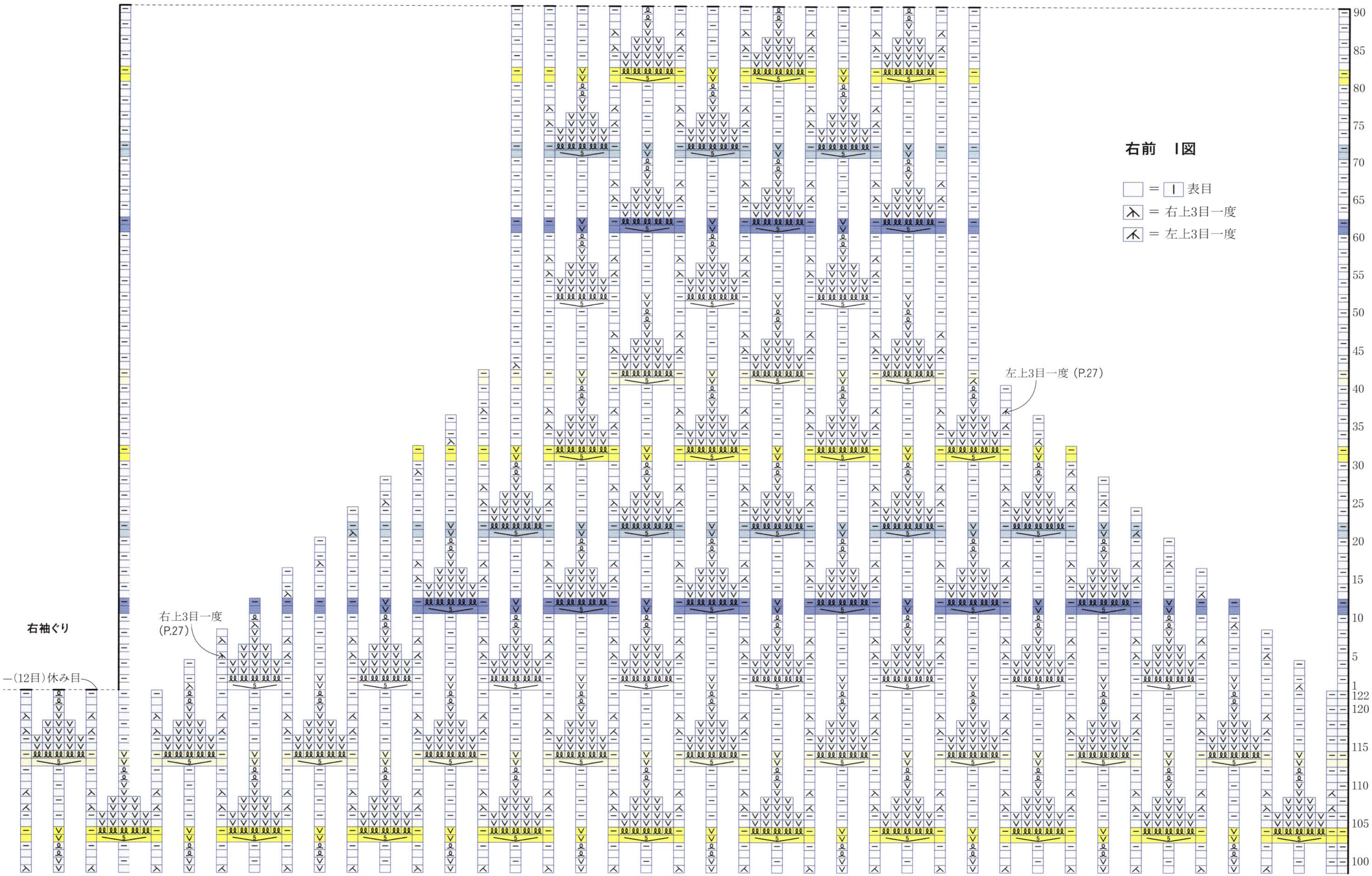

□ = | 表目
⋏ = 右上3目一度
⋌ = 左上3目一度

← P.30 へ続く

後ろ　2図

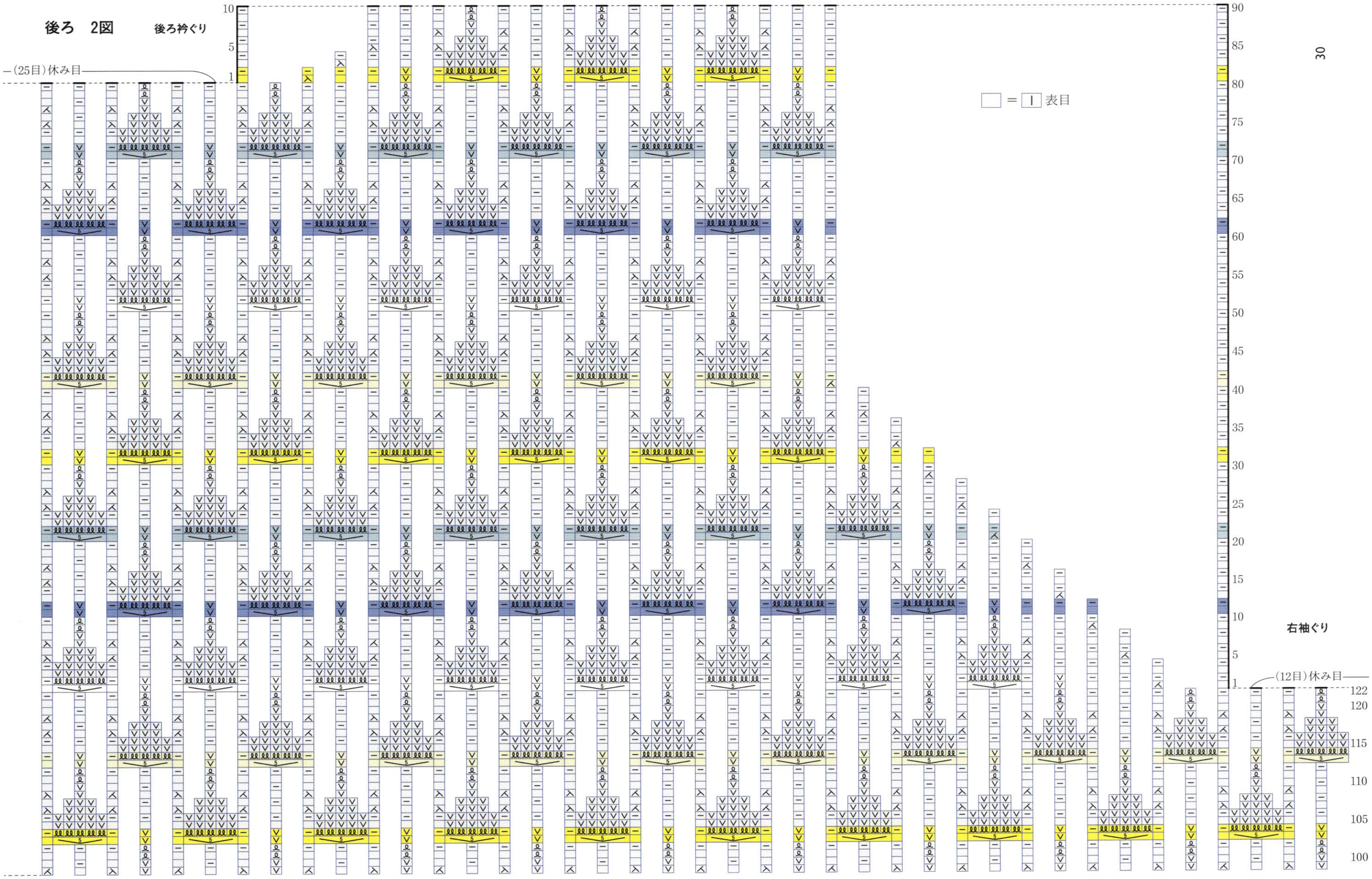

P.29 からの続き←

まとめ
肩の休み目を中表に合わせて引き抜きはぎにします。前立ては、前端と衿ぐりから拾い目をして2目ゴム編みを編みますが、右前立てには図のようにボタンホールをつくります。袖ぐりは前後から拾い目をして輪に編みます。編み終わりは、前段と同じ記号で編んで伏せ止めにします。左前立てにボタンをつけます。

□ = 丨 表目
— = 裏目
⋌ = 左上2目一度（裏目）
○ = かけ目
● = 伏せ目
●̲ = 伏せ目（裏目）

2目ゴム編み（袖ぐり）

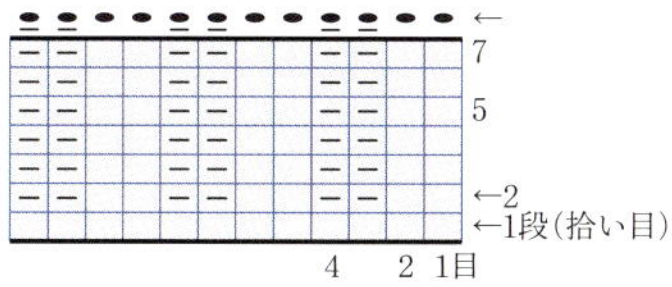

前立ての2目ゴム編み

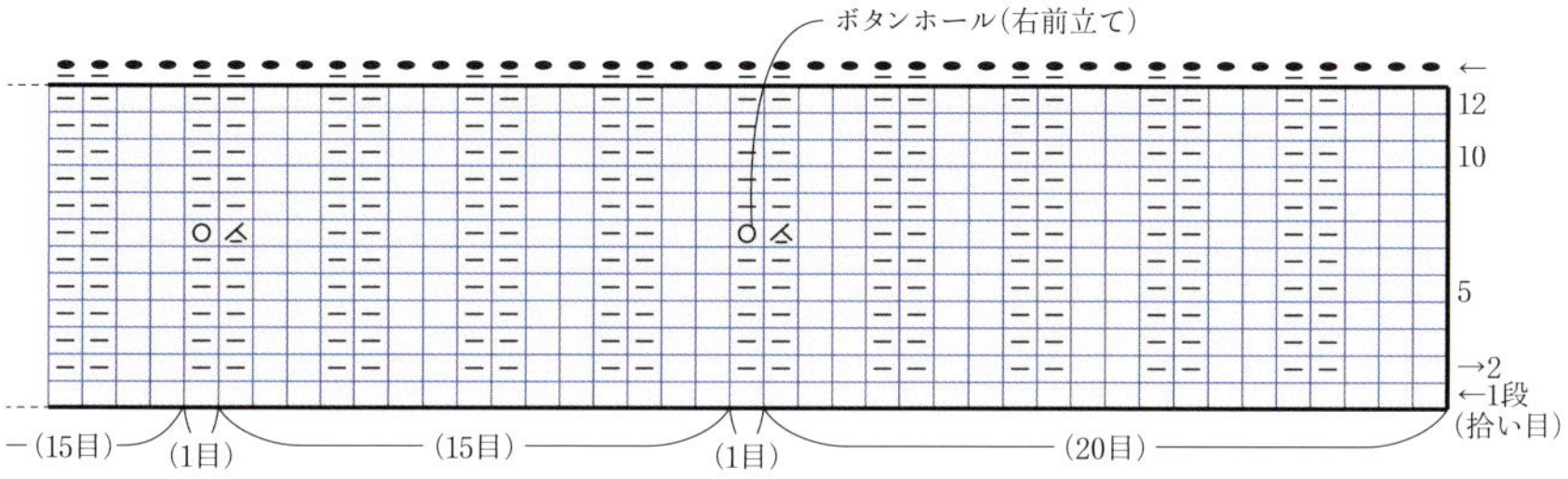

前立て・衿ぐり、袖ぐり

2目ゴム編み　4号針　薄グレー

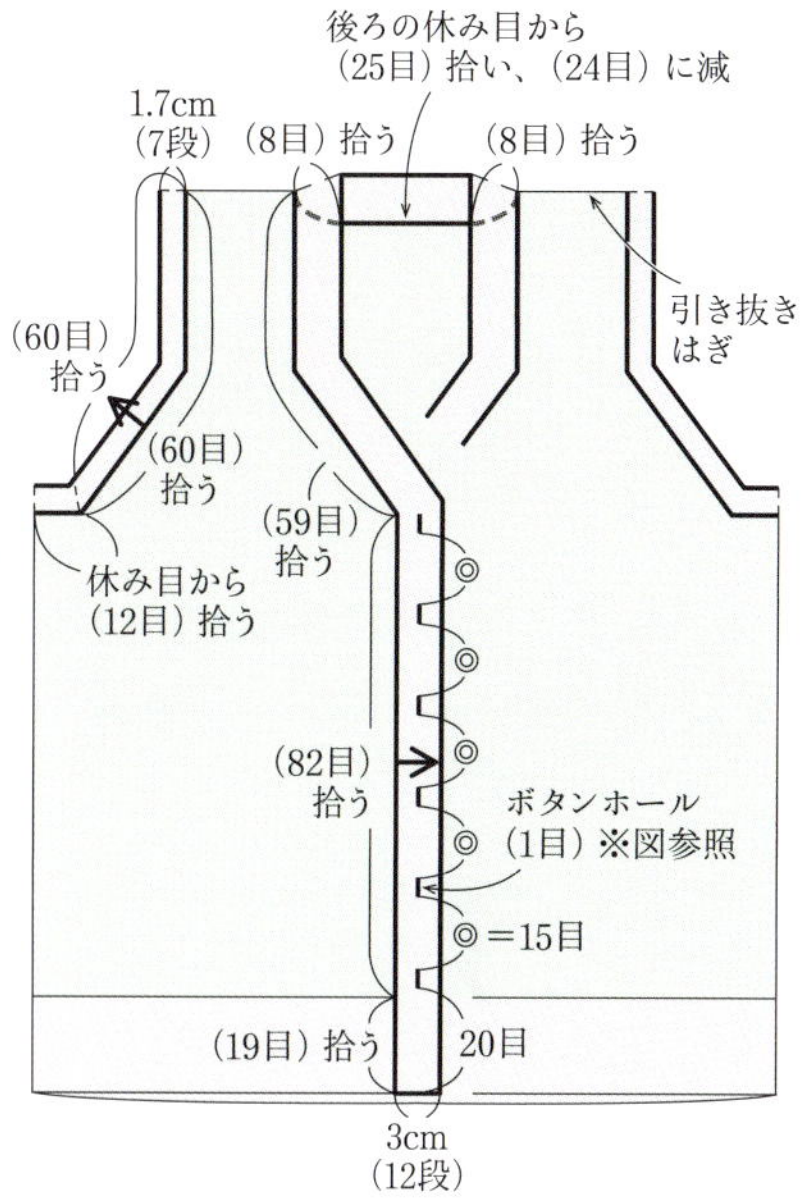

作り目

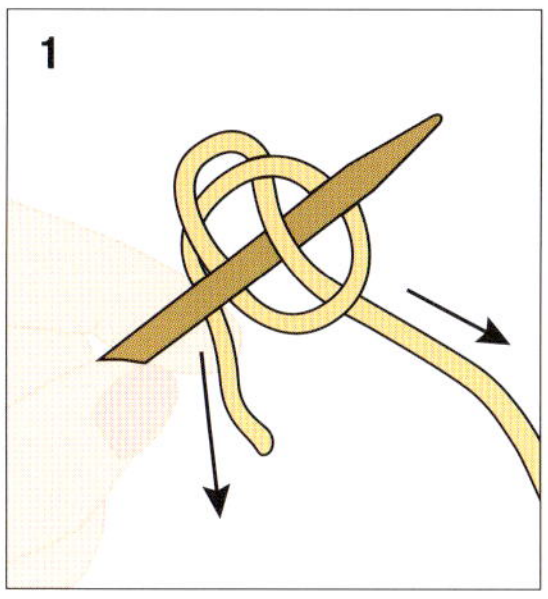

糸でループを作って結び、1目を作ります。

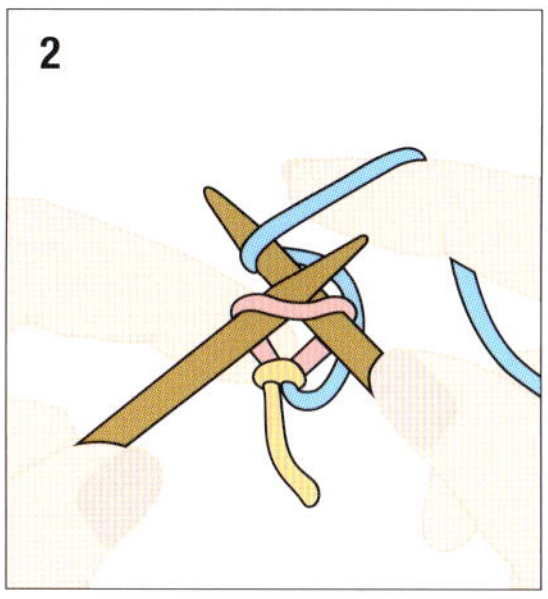

右針を1目めに入れ、糸をかけて引き出します。

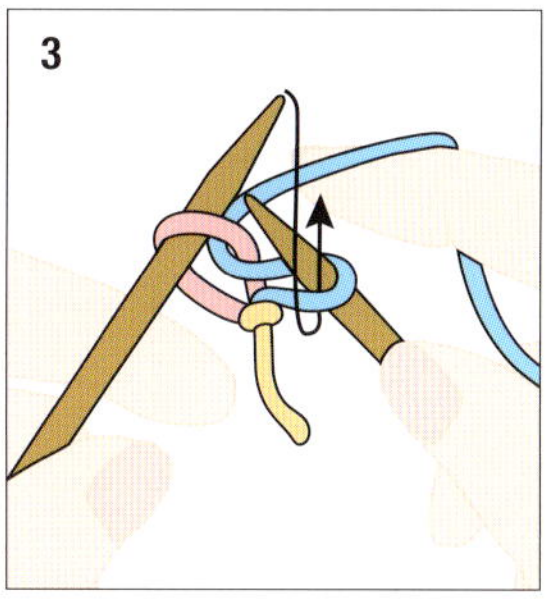

左針に移し、右針は抜かないでおきます。

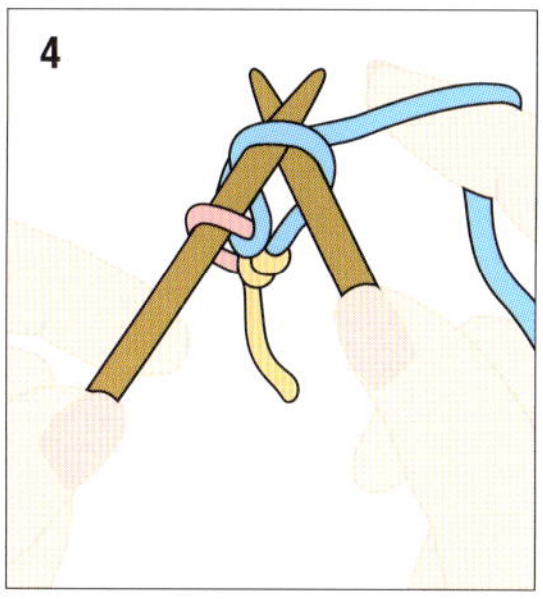

2、**3**を繰り返し、必要な目数を作ります。1段めとかぞえます。

引き抜きはぎ

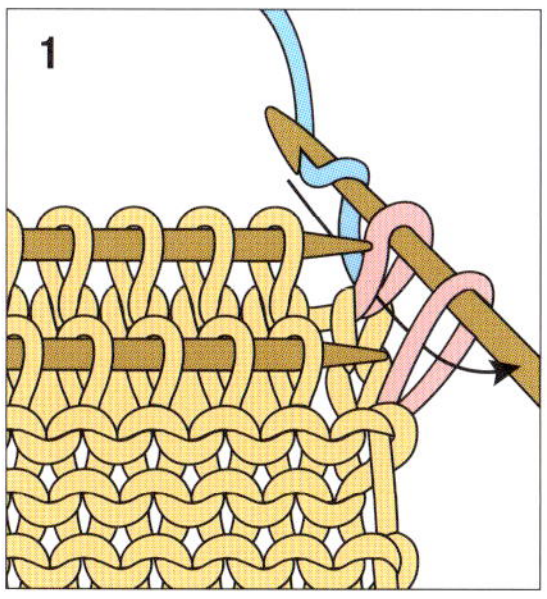

2枚の編み地を中表にして端の目に手前からかぎ針を入れ、糸をかけて引き抜きます。

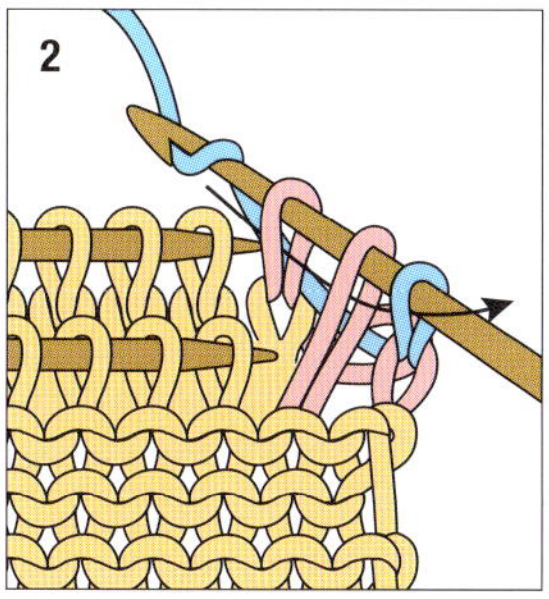

次の目に手前から入れ、引き抜いた目と次の2目を一度に引き抜きます。

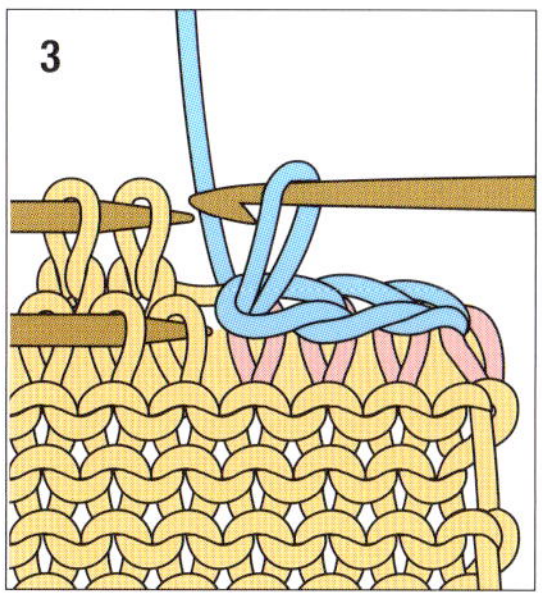

2を繰り返します。

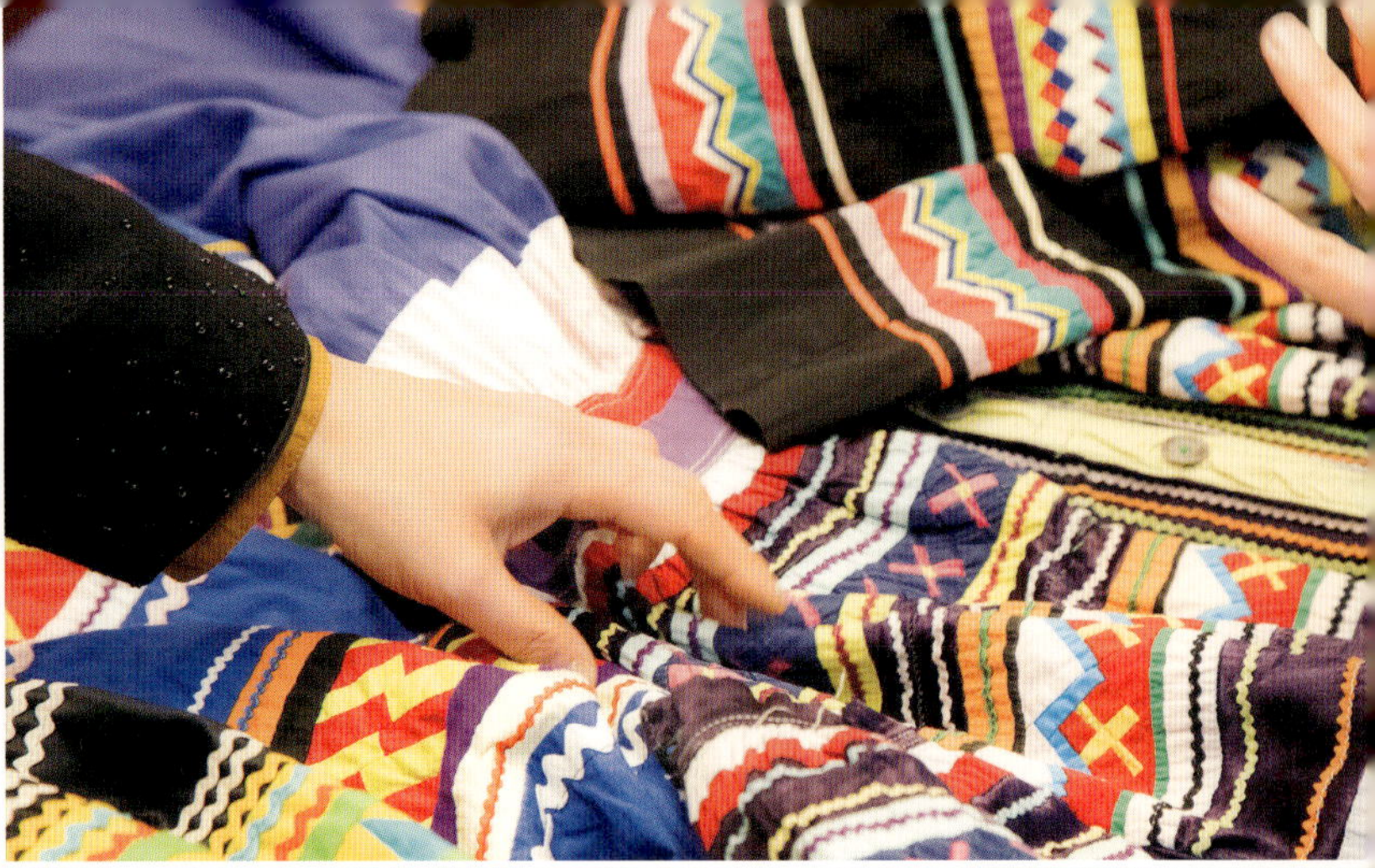

ずっと新しい古着屋さん、

TORO

原宿にある古着屋「TORO」。三國万里子さんにとって、このお店は「お買い物をする」という役割だけではなく、インスピレーションの源にもなっているといいます。三國さんの創作意欲を駆り立てる「TORO」にお邪魔して、オーナーの山口郁子さんにお店に込めた思いや、このお店で出会った三國さんお気に入りのスカートの歴史など、たっぷりとお話をお聞きしました。

はじめて「ＴＯＲＯ」を訪れたときのことを、三國万里子さんはこんなふうに語ります。「本当にときめいたんです。その頃、私はものを作る職業ではなくて、古着屋の店員だったんですけれど、私のなかの『作りたい欲』とか、『はみ出したい欲』とか、そういうものを刺激されるようなお店でした。ただ服を買って着るというだけでなく、自分のなかの何かが掻き立てられる、そんなお店だったんです」。

ＴＯＲＯは１９９３年、オーナーの山口夫妻が渋谷にオープンした古着屋です。古着屋といえば、ヨーロッパのアンティークやヴィンテージ、ブランド古着、アメカジなど、お店によって特色があるものですが、ＴＯＲＯはちょっと違うようです。山口さんは言います。

「カテゴライズは他者がすることの様に思います。ジャンルを固定されてしまうと、そのなかでしか動きがとれなくなってしまいます。店に集めてあるものはブランドのものもあれば、１００年以上前のアンティークのものも、90年代のものも、国も様々です。自分たちの気に入ったものをその時の気分で選び、お客様とそれらの魅力を共有したいと思っています。自由な発

写真＝沖田 悟　取材・文＝宮原沙紀

想で組み合わせて楽しむ、古着を着こなすことはクリエイティブなこと、自由があることが全てです」。

　山口さんはひとつひとつの服が持つストーリーも丁寧に教えてくれます。いつ頃、どんな目的で作られた服なのか。その服がたどってきた足跡を知ることで、ますます服に愛着がわきます。山口さんの話に熱心に耳を傾けながら、三國さんは「楽しいでしょう？私、ここでこういう話を聞くのが大好きなの。何でも教えてくださるので」と笑います。気になった服を試着して、鏡に向かう三國さん。「自分から距離があるものを身体に引き寄せて、少し違う自分になる、それが古着を着る醍醐味だと思うんです」。

　TOROは三國さんにとって出会いの場所であり、発見の場所でもある。そんな、特別なお店なのです。

セミノール族のスカート。

三國さんがTOROで出会った一枚のスカート。一目見るなり、独特の色使いや、グラフィカルな表現に心を奪われたと言います。そのスカートはセミノール族の伝統的な衣装でした。

セミノール族とはアメリカ大陸・フロリダ半島のネイティブアメリカンの部族の名前。セミノール族の伝統的な民族衣装は、色とりどりの模様を組み合わせて作られていて、目にも鮮やかです。三國さんは、幾何学的な模様のモダンさと、古びた表情の組み合わせの妙にすっかり魅了されてしまいます。セミノール族の民族衣装の歴史を山口さんが教えてくださいました。

「セミノール族は、いろんな集落から集った人たちで部族を形成しています。寒い地域で暮らしてきた人たちもいれば、暖かい地域の人たちもいる。最初、寒い地域の人たちは、毛皮や革を使った服をまとっていて、暖かい地域の人たちは、布を巻いたくらいのシンプルなものを着ていました。まだまだファッションやデザインという概念は芽生えていなかったんです。その後、ヨーロッパの開拓民が入ってきたことでその影響を受け、セミノール族は洋服をつくることやパターンで仕立てることを学習していきました。そして時代を経て、セミノール族独自のスタイルが次第に確立されていきます。縞模様のように布をつないで、自分たちの表現をし始めたのは、１９２０年代ごろだと言われています。この頃から、部族のアイデンティティを縞に落とし込んでいったのです」。

細かい模様がいくつも組み合わさって構成されているデザイン。よく見てみると、ただの模様ではないようです。「ひとつひとつの模様にも意味があるんです。たとえばこれは稲妻ですね。こっちは鳥の羽。いろんな絵が描かれています」。

山口さんがセミノール族の衣装に惹かれた理由はその色使い。具体的には、カラフルな色合いのなかに、白と黒の模様を見つけたときだったそうです。「こういうふうに白黒が入ってると、なんでこんなにパンキッシュな雰囲気になるんだろうって。そういうファッション的、アート的な要素を見つけて、おもしろいと思ったんです」。

時代と共に複雑化してくる衣装の模様。それはまるで技を競うかのように細かくなっていきます。「この模様は、きっとつくるごとに細かくなっていったんじゃないかと思います。自分たちが身に着けるためというのはもちろん、自分たちのアイデンティティを他者に伝えるために技巧を凝らしていったんじゃないかと。それともうひとつ、当時、彼らがすごく想いを込めて作ったのは、これが収入に結びついていたから、という側面もあります。観光客に自分たちの民族衣装を売るためですね」。年代を追うごとに模様や色使い、服の表情は変わっていき、その時代を生きている人たちの気持ちが現れているように感じる、と山口さん。

ワンピースのような長いゆったりとしたスカートは、セミノール族の男性の衣装。衣装をまとった男性の姿を収めた写真を見て「かっこいい！」と歓声を上げる三國さん。「奥さんが手作りしたものを誇らしく着ていたんじゃないか」と思いを馳せます。

ＴＯＲＯで扱っているセミノール族の衣装は山口さんのリメイクがほどこされるものもあり、それらは、よりスタイリッシュに生まれ変わっています。「前面に安全ピンを並べてみたり、ウエスト周りに柄をいれてみたり、いろいろリメイクしています」。山口さんの手で生まれ変わるセミノール族のスカート。時代を越えて、思いが受け継がれていきます。

TOROがいつも新しい理由。

洋服が持つ歴史を丁寧に教えてくれる山口郁子さん。
なぜ山口さんは服を好きになったのか、
「TOROワールド」とも言える世界観を
どのように作っていったのか。
三國さんが山口さんにたくさん質問をしました。

三國 古着との出会いは、いつごろですか？

山口 私が古着に目覚めたのが17、8歳くらいですね。

三國 山口さんは東京の人なんですか？

山口 横浜です。

三國 街の子だったんですね。10代から古着文化があったというのは本当にうらやましい。

山口 マガジンハウスから出ていた『オリーブ』で、はじめてそういうものが世のなかにあると知ったんです。すごく影響力のある雑誌でしたから。

三國 どのようにして服の道に進まれたのでしょうか？

山口 時別なことは何もないですよ。気が付いたら、服が好きでした。母親が家でものを作ることが好きな人だったんです。私たちの服を作ってくれるのを見ていたので、着ることに対しての興味が自然に芽生えたのかもしれません。

三國 「着る＋作る」ということが、きっと山口さんにはあるんでしょうね。このお店には、「作ること」への視線を、すごく感じるんです。

山口 でも、服飾の学校には行ったけれども、どちらかと言うと真面目な生徒ではなかったし、成績も全然大したことなかったんです。

三國 服を作る勉強をされていたんですね。

山口 はい。学校を卒業した後は、子ども服の企画に携わるんですけど。そこでも一生懸命仕事をしたかというと、全然そんなことなくて。24歳の終わりに、主人が古着屋を始めるというので、「会社勤めしてるよりは、そっちのほうが楽しそうだから、一緒にやろうかな」くらいの感じで始めました。始めてみたら、「自分の表現の場所をここで見つけた！」と思えたし、お客様とも結びつくことができた。それはやっぱりすごく楽しくて。

三國 最初からすごいお店でしたよね、TOROって。このお店に来ると、その時たまたま買うものがないとしても、すごくこころが満足して帰れるんですよ。

山口 それはやりがいがあって、うれしいですね（笑）。TOROのそもそもの始まりって、なんだったんだろう？と思うと、「ないものを集めて、自己表現をしたい」ということでした。私たちの周りにないものを、店に並べたいっていう気持ちだったから、自然と海外のものを仕入れてくるということになった。いまは国内にあるものでも、自分なりの表現はできるだろうと思ってますが。

三國 新しい世界を知ることによって、TOROの世界観を広げて、山口さん自身の視野も広がっていったということなんでしょうか？

山口 そうですね。

三國 山口さん、自分が変わっていくことを楽しんで、だんだん広がっていっていらっしゃるんですね。

山口 そうしようと意識しなくても入ってきてしまいます。やっぱりものを見ると「ワッ！」「ハッ！」と心を動かされるわけだから。やっぱり感動って、衝撃なんです。そんなことを繰り返しているんです。

三國 だから、TOROはずっと新しいんですね。

山口 そうあったらいいなって思ってるけれど。やっぱり追うよりは仕掛けていったほうがおもしろいとは思います。

三國 この靴下、もしかして山口さんが編まれたものですか？

山口 そう。セーターみたいに大きいものはなかなか

編めないんだけど、手のなかでちょこちょこ編めるものは好きで。

三國　タビ型でピンクってところがたまらない。

山口　最近は、子どものビキニを編み始めました。お店のお客さんと長くお付き合いしてると、皆さん結婚されて、子どもを生んで。その子どもたちをお店に連れてきてくれるんです。

三國　すごくかわいい。

山口　これを作ろうと思ったきっかけの本があるんです。お母さんが子どものために作った洋服の作品集『TSUTSUI'S STANDARD』に、ニットの水着が載っているんだけど、それが「失敗作」なのね。でも本に載っていたフレーズがかわいらしくって。

三國　失敗作？

山口　そう。この水着をつけた子どものことば。「ママ、この水着、水に入ると重たくて脱げちゃう」。

三國　そうだ（笑）。

山口　そうだよねって思うのね。でも、水着をたくし上げながら、一生懸命水遊びしたんだっていう光景までがこの一文で想像されて。なんていう思い出深い水着になったんだろうって思った。それで、重たくなるのはわかってるんだけど、私もコットンの糸で編みたくなりました（笑）。

三國　山口さんって、作ることに恐れがないですよね。

山口　面倒くさいことは何もしないですよ。仕入れに行って、素敵な素材に出会うんです。たとえばセーター。風合いや色をすごくいいって思っていても、小さくて着れないとか、なんらかの理由で身に着けられないもの。それをほどいて、靴下などを編むんです。昔って、そういうことが普通だったと思うんです。お父さんのセーターが、娘のカーディガンになり、弟の毛糸のパンツになるというような。一本の糸は、ほどけば何にでもまた作り直すことができるということを、編みものを始めて知ることができました。

三國　今日着てらっしゃるの、それカウチンの？

山口　そうです。裏返しに着てる。

三國　裏返しに着ることでモダンになってますね。

山口　世界観に曖昧さが欲しいのです。それはそれでいいときもあるけれど。でも裏にすると、広がりがあるでしょ？

三國　そうですね。

山口　「裏も、こんなに丁寧に仕事してる！」って、気付きます。ビクトリア時代の洋服は、ひっくり返すと、もう、技法の嵐。「裏こそ芸術！」って思います。

三國　そうですね。私もすごくいいお洋服に出会ったとき、まず裏を見ます。そうすると、より良い服を作ろうと工夫した跡がある。そういうものが、古いものには多いんでしょうね。

山口　そうですね。やっぱり古いものはすばらしいなって思います。

三國　さっきのセミノール族のスカートもそうですが、古い年代の服のなかには、自分を賭けた挑戦のようなものがあって、それは何十年経っても伝わるんですよね。

山口　そう、その人の感性とか、頭のなかで何度も考えて、作業を繰り返したことはまったく錆びつかない。古いものに触れると、そういうことをギュッと感じることがあります。

三國　そうですね。見るたび、自分も新しくなる感じがしますよね。

山口　そういうものをあえて「かまえずに着て、楽しんで」って。「わぁ、すばらしい」と思いながら、自分なりに楽しめばいい、楽な気持ちで。「ただ、洗濯はネットに入れよう」みたいなね（笑）、そんな感じでいいんじゃないかと思うんですよ。

三國　着るって、毎朝、出かける前に鏡の前でできる特別な遊びですよね。

山口　本当にそう思う。古着はクリエイティブなもの（笑）。

TORO　東京都渋谷区神宮前 1-2-10
☎ 03・6447・4147
営業時間　12時～20時　　定休日なし

黒柳徹子さんのビスケットケーキ

そのレシピで、なかしまさんが思い出したこと。

ある日、なかしまさんはインターネットで、ひとつのケーキのレシピを見かけました。「黒柳徹子さんのビスケットケーキ」そのレシピを読んだなかしまさんに、なつかしい記憶がよみがえりました。うまれてはじめてつくったケーキと、似ていたのです……。黒柳さんのビスケットケーキを実際につくりながら、なかしまさんの思い出をうかがいました。

黒柳徹子さんのビスケットケーキとは？

タレントの黒柳徹子さんが、ご自身が出演する番組の楽屋に差し入れをしていた、手づくりのビスケットケーキです。差し入れをするようになったのは、黒柳さんが司会を務めていた人気番組『ザ・ベストテン』がはじまり。１９７８年から放送されていた音楽番組です。この番組には、人気の若い歌手やアイドルがたくさん出演していました。黒柳さんは、忙しいなか出演してくれる若い出演者たちに「何かおいしいものをおなかいっぱい食べさせたい」と考え、ビスケットケーキをつくって持って行くことに。これがおいしいと大評判。噂が広がり、レシピも公開されました。簡単につくれて、おいしくて、いまも人気のケーキです。

黒柳さんのレシピ

黒柳徹子さんの公式ホームページから、
1999年12月に更新されたレシピを原文そのままで転載します。
12月に書かれたものなのでクリスマスのムードで、
「ブッシュ・ド・ノエルの作り方」と表現されています。

［材料］
1. マリー（MARIE）ビスケット
（どの会社の物でもいいですが、なるべく直径が大きな物がいい。また、なぜマリーがいいかというと、甘味、塩味も少なく、カステラ状態にもどすのに最も適しているからです。他のビスケットでやってみましたが、私は、やはりマリーにかぎると思いますので。）
2. 生クリーム２パック
3. チョコレートソース
（私はハーシーを使っています）
4. 牛乳を少々

［作り方］
生クリームを攪拌してウイップドクリームを作ります。その中に、ハーシーのチョコレートソースを混ぜます。このとき、容器の外側に氷を置くようにすると早く生クリームが出来ます。これは、容器に氷を入れ、一回り小さい容器に生クリームを入れるといいです。色は薄茶色のクリームで、味は好きずきでご自由に。

次に、ドンブリに入れた牛乳にマリービスケットを浮かせます。要するに、マリービスケットの表面を湿らせるのです。裏表とも。この湿ったマリービスケットにクリームを挟んで横に立てて並べていきます。ビスケット、クリーム、ビスケット、クリームと交互に、サンドウイッチのように挟んでいくわけです。お皿の上に並べるとそのままサービス出来ます。タテに積み上げてはいけません。なぜなら、これは硬いビスケットを魔法の力でケーキにするのですから。自由に膨れさせるためには、タテにしたのでは、下のほうのビスケットは、上からの重さで膨らむ余裕がないからです。ヨコに伸びる長さはお好きな長さにして下さい。残りの生クリームをすべて、上からヨコから、はじから、なすりつけて、かつて、これがビスケットだったという形を隠してしまいます。どこからもビスケットは見えなくなりました。チョコレート入り生クリームも使い切りました。すっかり、“ブッシュ・ド・ノエル”です。

ラップをかけて一晩冷蔵庫に入れます。次に日に、チョコレートソースで“メリークリスマス”などのデコレーションをして下さい。色は薄茶色です。だから濃いチョコレートソースの字が目立つのです。切るときが重要です。少し斜めに切って下さい。そうすれば美しい筋が何本も入ります。輪切りにしたのでは、やはり、元ビスケットだったということが分かって面白くありません。

以上が、安くて簡単ですぐ出来るチョコレートケーキの作り方です。クリスマスには、ヒイラギやサンタクロースをのせたら、大クリスマスケーキです。人数が多くてお皿があれば、１メートルだって出来ます。横に並べるだけですから。ご成功を祈っています。メリークリスマス！！

――黒柳徹子

写真＝長野陽一　スタイリング＝岡尾美代子　調理アシスタント＝柴野絵美、今福ゆりな（フードムード）　取材・文＝宮原沙紀

小学生のしーちゃん、はじめてのケーキづくり。

「はじめてのケーキづくり」の思い出を聞きながら、黒柳徹子さんのビスケットケーキをつくりました。小学生のしーちゃん（当時のあだ名）がつくったケーキは、黒柳さんのレシピとちょっとだけ違っていたようで。

なかしまさんがはじめてケーキをつくったのは、小学校低学年のころ。断片的な記憶の糸をたぐっていくと、ケーキづくりはキッチンではなく、洗面所で行われていたのだとか。

「ケーキのつくりかたをだれかに聞いたのか、テレビで見たのか、全然覚えていないのですが、洗面所でケーキをつくった光景が記憶に残っています」。

洗面所でつくった、当時のレシピは？

「ビスケットを牛乳に浸して、レンガを積むように牛乳パックのなかに重ねていくんです。そこに生クリームにココアと砂糖を混ぜたものを流し込み、冷やして完成」。

なるほど。黒柳徹子さんのビスケットケーキと、材料はほぼ同じですね。

「黒柳さんのケーキはビスケットを立てて横に並べます。でも私はただ上に積んでいました。生クリームを泡立てずに使うことや、チョコシロップではなくココアを使っていたことも、黒柳さんのレシピと少し違います」。

当時、材料の調達はどうやって？

「手に入れるのが難しいのは、生クリームですよね。子どもですし。うちが牛乳屋さんだったので、おそらくは、おじいちゃんに頼んで注文してもらったんだと思います」。

ケーキができたときは、やっぱりうれ

ゆるく角（ツノ）がたつくらいまで生クリームを泡立てる。

チョコシロップを混ぜた生クリームで、ビスケットをサンド。

しかった？

「きっとうれしかったんでしょうねぇ。何度かつくった記憶がありますから。ケーキづくりへのあこがれもあったでしょうし。このケーキなら火も包丁も使わないでつくることができるので、親も安心だったと思います」。

小学校の低学年で、おやつづくりへの興味が芽生えたのでしょうか。

「そうですね……実験してみたいという好奇心は、すごくありました。あとは、ちいさいころから食い意地がはっていて（笑）。好奇心と食いしん坊、この両方が、私は子どものころからずっと続いているのだと思います」。

サンドしたビスケット全体に生クリームを塗ってつなげる。

なかしまさんのアドバイス

今回、黒柳さんのレシピをもとにつくったとき、私なりに気づいたポイントです。分量なども具体的に書きましたので、よりつくりやすくなると思います。仕上げのココアだけは、なかしまアレンジ。簡単なので、ぜひつくってみてください。黒柳さんのレシピ、びっくりするほどおいしいです。

［材料］
マリービスケット・・・・・・・・ 1箱（21枚）
生クリーム・・・・・・・・・・・・・・300ml
チョコレートソース（ハーシーがおすすめ）・・・・150g
牛乳・・・・・・・・・・・・・・・・・・・・100ml
ココア・・・・・・・・・・・・・・・・・・・好みの量

おなじみのビスケット、森永製菓のマリー。

［つくりかた］
1. バットにビスケットを広げて牛乳を回しかけ、上下を返しながら全体を湿らせます。長時間浸すとビスケットが崩れてくるので、さっとでOK。バットを傾けて余分な牛乳をとりのぞきます。

2. 生クリームをボウルに入れて氷水をあて、ハンドミキサーでやわらかく角が立つまで泡立てます。角がピンと立つまでかたくすると、ビスケットに水分を吸われてクリームがぼそぼそになるので、やわらかめでOK。チョコレートソースを加えてさっと混ぜます。もし混ぜすぎてクリームが固くなってしまったら、ここで牛乳（分量外）少々を加えてゆるめます。

3. ラップを広げてビスケットを1枚置き、上にクリームをスプーンでひとすくいのせてビスケットでサンドする。これを何度も繰り返します。5～6枚程度積み上げると倒れそうになるので、
となりに新しくサンドしていきます。

4. 全体を横に寝かせ、間にもクリームをはさみ、ひとつにつなげます。
残ったクリームを全体に塗ってラップで包み、冷蔵庫で半日以上冷やします。

5. ラップを外してお皿に盛り、ココアをふりかけます。

ココアをふると、甘さ控えめに。甘いのが好きな人はチョコレートソースをたっぷりどうぞ。

50年以上愛されているロングセラー。現在は日清食品グループの商品。

ビスケットケーキのアレンジレシピ

小学生のしーちゃんがつくっていたビスケットケーキを、大人になったなかしまさんがアレンジしました。簡単につくれるという手軽さはそのまま、ちょっと豪華なおやつに変身。2種類のフルーツを使ったレシピを紹介します。

バナナのビスケットケーキ

なつかしいココナッツサブレと、
バナナ入りのクリームをサンドしました。

［材料］（4個分）

バナナ（熟したもの）…… 1本（皮をむいて約100g）
ココナッツサブレ……… 16枚
生クリーム…………… 200ml
きび砂糖……………… 30g
レモン汁……………… 小さじ1
ココア………………… 適宜

［つくりかた］

1. バナナはフォークの背でなめらかになるまでつぶし、レモン汁をかけてまぜる。

2. ボウルに生クリームときび砂糖を入れてやわらかく角（ツノ）がたつまで泡立て、1のバナナを入れ、さっと混ぜる。

3. ラップの上にクリームをひとすくいのせ、ココナッツサブレをおく。これをあと3回繰り返し（1個にサブレは4枚）一番上にもクリームをのせる。まわりもクリームで覆い、ラップでくるんで冷蔵庫で半日以上おく。

4. ラップをはずしてお皿の上にのせ、ココアをふる。

いちごのビスケットケーキ

いちごのシロップをたっぷりフィンガービスケットにしみこませた、ティラミス風のケーキです。

［材料］（20×15cmの角型でつくる場合）

いちご…………………… 300g（約1パック）
きび砂糖……………… 100g
レモン汁……………… 大さじ1
フィンガービスケット…… 1箱

〈ヨーグルトクリーム〉

生クリーム…………… 200ml
ヨーグルト…………… 80g
きび砂糖……………… 20g

［つくりかた］

1. いちごは洗ってへたをとり、縦半分に切って鍋に入れ、きび砂糖、レモン汁を加えてへらでさっと混ぜる。弱火にかけてやさしく混ぜ、砂糖が溶けたら火を止める。※いちごのフレッシュさを残しつつシロップを引き出すので、加熱時間は短めに！　冷ましてから、ざるにあけてシロップといちごにわける。

2. ボウルに生クリーム、ヨーグルト、きび砂糖を入れ、やわらかく角が立つまで泡立てる。

3. 器の底にフィンガービスケットを並べ、1のシロップの半量をビスケットにかけ、いちごの半量を全体に散らす。その上に2のクリームを半量のせる。これをもう一度繰り返す。冷蔵庫で半日以上冷やしてなじませる。

たまご風味の軽いビスケット。大きいスーパーや製菓材料店、インターネットで購入できます。

長津姉妹コラム

長津、というのは二人の旧姓です。三國万里子さんとなかしましほさんは、長津姉妹だったのです。そんなふたりに共通のテーマで自由に書いてもらいました。お題は9つ。

姉

三國万里子さん

妹

なかしましほさん

道具

編み針セット

小さい頃は、「編み針貸して」と祖母か母に言うと、号数を見繕って渡してくれてました。編み針は言ってみれば竹やプラスチックの棒なのだけど、子供の小遣いで買えるほど安くもなく、小学5年のクリスマスに、クロバー社製の編み針セット一式をリクエストしました。渡されて中身を広げたときはうれしかった。とても大人っぽいものをもらったという満足感がありました。それほどこだわりませんが、針先が尖っていて硬いとうれしい。使う時間が長いので数ヶ月でへたってきて、気づくと針先がへらのように平らになっていたり、握り込む場所がボキッと折れてしまったりします。消耗品だと割り切って、よく使う号数はしばしば買い換えます。

ゴムべら

素手で材料の状態を確かめながら作業するのが好きですが、時に手を使うと素材を傷めてしまったり、熱をあたえてしまったりすることがあり、そんなときにゴムべらは、自分の手のように動いてくれます。特に好きなのはシリコン製のヘラと持ち手が一体型のもの。洗いやすく持ちやすい、そして何よりヘラのしなり具合が絶妙で、これさえあれば中のものを傷めず完璧にすくいとってくれるのです。と、いろんな場で力説するのですがお菓子作りをしない方にはなかなか響かないもののようで。使う人と使わない人の間に大きな川が流れている道具だなと感じます。ごはん作りにもすごく便利ですから。試しにこれでオムレツやスクランブルエッグを作ってみてください。一家に一本の必需品です。

生活習慣

ウォーキング

ウォーキングしています。寒い時期は午前中、暖かくなると夕食後に、古利根川の河岸を1時間くらい。携帯電話もお金も持ちません。人間社会から束の間離れて、水鳥やキジや野良猫と同じ一匹の生き物として歩きます。以前は仕事が忙しいと「今日はウォーキングなし」としてしまっていたけれど、今は締め切りが迫っていようが、何はともあれ歩きます。締め切りに遅れてしまったら謝ればいいのです。

犬のさんぽ

日々習慣にしていることがあまりなく、何でもいつやめてもはじめてもよいと思っているのですが、犬のさんぽだけは休むわけにいかない大事な日課です。10年前から飼っているハル（雑種）とのさんぽは、夕方一回か朝晩二回、夫かわたし、手が空いている方が行きます。30分くらいの時間ですが、住宅街を抜けて畑のそばを通りぐんぐん歩いていると、頭の中がどんどんすっきりしてきます。レシピを考えるよい時間です。

飲み物

お酒

それほどたくさん飲む方ではないのですが、お酒が好きです。夕方５時になったら仕事をしまい、買い物に行き、夕食を作りながらまず紹興酒を飲みます。続いて食事の友には、冷やしたベルモット。氷は入れません。いい香りでウキウキ。お風呂上がりにはまず白湯を飲んだ後、小さなグラスに氷とウイスキーとアマレットを入れ、水で割ったものをいただきます。アーモンドの匂いのうっとりするような飲みものです。甘いので寝る前にもう一度歯を磨きます。おやすみわたし、の儀式です。

三年番茶

家族や友人は知っているのですが、昔から水分を摂るのが苦手です。もちろん運動した後や暑い季節は別ですが、ふだんの生活で、お茶やコーヒーをカップ一杯、水をコップ一杯飲みきるのがなかなか苦痛です。からだのためと思い、今まで何度か意識的に水分を摂るようにしてみたのですが、逆に胃がちゃぽちゃぽになって体調を崩してしまいました。夫は真逆で一日中お茶やコーヒーお酒をがぶがぶ飲んでいるので、夫が用意したものをわたしもすこし飲みます。ここ数年は、やかんで煮出した三年番茶を常にポットにいれてあるので、飲みたいときに、ちびちび飲んでいます。ただ、お茶が飲める場の雰囲気は好きなので、喫茶店はいつでも行きたいです。

仕事中に聞く音楽

RADWIMPS

たべものも音楽も、一度気にいると飽きるまで続けてその後ぱったり興味がなくなるタイプなので、音楽もその時々でブームがあります。一曲好きな曲があると、仕事で運転している間、ずっと同じ曲をリピートし続けます。次の日もその次の日も飽きるまで。ちなみにこの原稿を書いてる頃は、RADWIMPSの「スパークル」ばかり聴いてました。

YouTube

この頃はYouTubeで曲を選んで聴いています。たとえば「I'll Remember April」という大好きなジャズのスタンダードナンバーがあるのですが、まずアンドレ・プレヴィンのトリオのを聴いて、次に同じ曲のカーメン・マクレーが歌ってるやつ、さらにダイナ・ワシントンのと続けて聴いていく、というような聴き方です。

 イラスト＝ながしま

本

『おばあちゃんのはこぶね』
M.B.ゴフスタイン 著

90歳のおばあさんが、昔お父さんに作ってもらった「はこぶね」と、家族の話。おばあさんは雨の日に、自分がとても幸せだったことを思い出している。小さい絵本です。絵もどれも切手みたいに小さい。ぎりぎりまでシンプルな線で描かれる登場人物たちの目は、ポツンと砂より小さな点が二個打ってあるだけなのに、とても表情豊かです。なんでこんなにいつまでも見ていたくなるのかと思います。

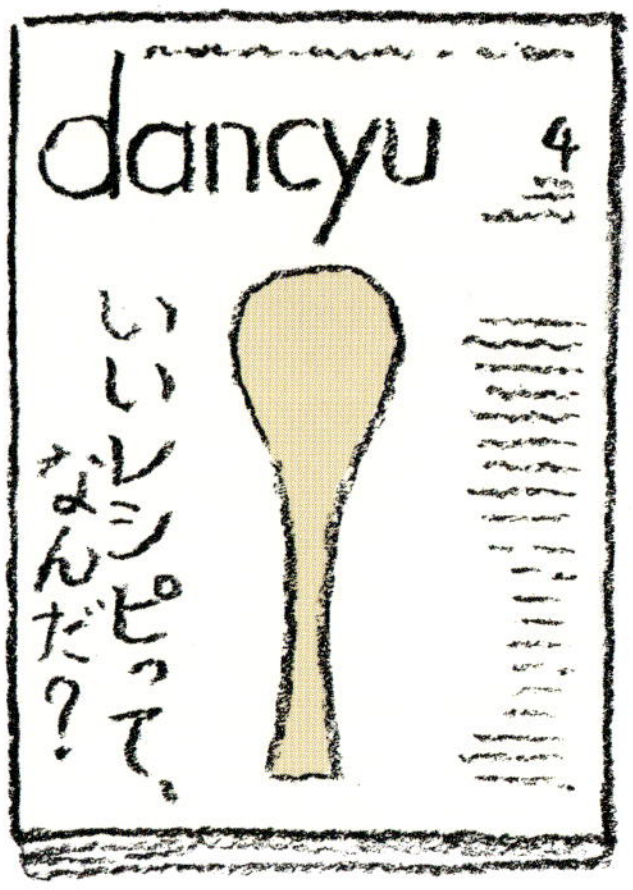

dancyu

料理本がない人生は考えられません。小さい頃は夢の中であのおやつを食べられるかもと思って、ふとんの中にお菓子の本を持ち込んでいました。今もお風呂に入るときは、本棚からまずレシピ本を1冊選んで持っていきます。dancyuはいま一番好きな料理 本（雑誌）です。くいしんぼうっぷりと茶目っ気が最高で、毎号発売日が待ち遠しいです。

靴

PUMAのJETTER VR

ナイロン製と思しきスニーカーです。白かったのですが、2年間履くうちにグレーになりました。とても軽くてはき心地がいいので、日々の買い物とウォーキングの時はいつもこれです。数ヶ月前から靴底がはげてきて、今は後ろ半分くらいがだらんと取れかかっています。歩くとペッタペッタいいます。遠くない未来に靴底が全部とれてしまう時が来るのが、ちょっと怖くて、楽しみ。

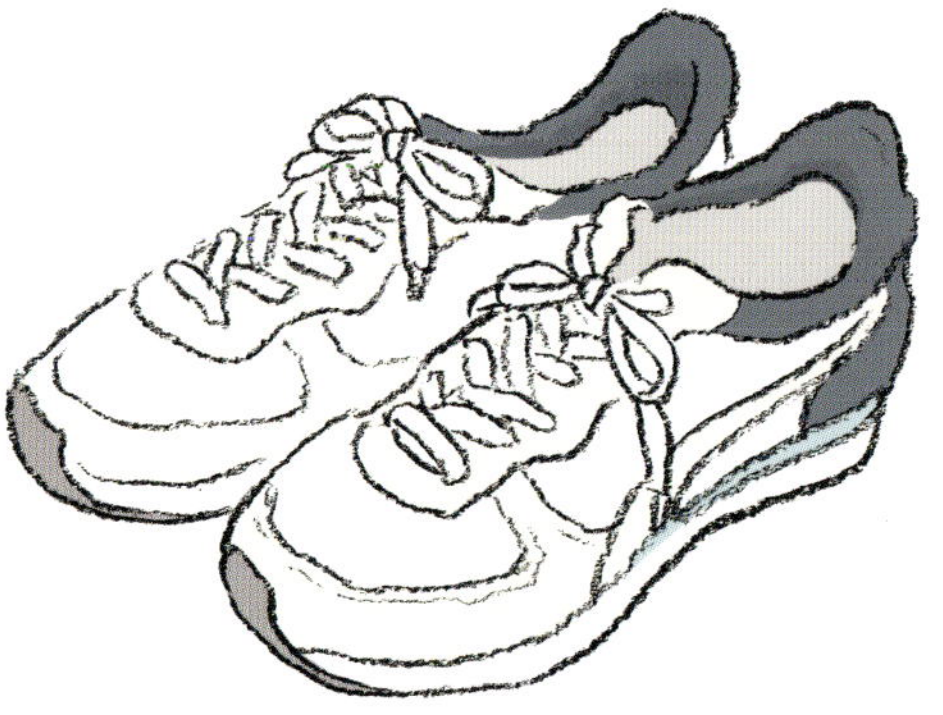

ダンスコ

好きなものを飽きるまで続ける癖は抜けず、靴は一日履いたら休ませるなんて聞きますが、毎日同じのを履いています。ダンスコの靴は厚底なので、背が高くなるのがうれしくて、ついつい選んでしまいます。高校生の頃はバンドブームに憧れてラバーソールを履いていました。

笑い

Amazonのおすすめ

今日笑ったのはインターネットを見ていて Amazon から祭壇をお勧めされてるのを見つけた時。祭壇の台から垂直に棒が伸びていて、神様のお告げがそこにばちーんと降りてきそうな、すごい機能性を感じるデザインでした。やけにミニマムでモダンなのもおかしくて、息子と一緒に耳が真っ赤になるまで笑いました。そんなスピリチュアルなもの検索した記憶ないんだけどなあ。

探偵ナイトスクープ

テレビは晩ごはんの時に観ることが多くて、『ナイトスクープ』はごはんのおともとして最高の番組だと思っています。悪人が誰も出てこない。大笑いできてたまにほろりとする。毎日『ナイトスクープ』でもいいくらい。家族が涙を流しながら笑ってるのを見ると、きょうも平和でよかったと思います。

アイドル

大江千里

中学の頃ファンでした。夫に出会うまでのボーイフレンドたちは、今思うと大江千里変奏曲的です。メガネかけてて話が面白い、というような。

アイドル犬

インスタグラムの中で日々たのしみにしている、わたしだけのアイドル犬が何匹かいます。手触りと匂いを妄想しています。

最近買ったもの

野生黒蜂蜜

「ハニーハンターが危険をおかし、高い木や岩山に登り、野生蜂蜜を採取しています。」とラベルにあります。濃い茶色で不透明、華やかというよりは素朴で、ミネラルっぽさを感じます。くたびれた時にひとさじ食べて、口が甘いのでコーヒーを飲みます。

スーツケース

昨年末に海外旅行に行ったとき、うっかり荷物が増えてしまい、旅先でスーツケースを買いました。もう一回旅行に行けるくらいの値段でしたが、よい買い物だったと思っています。ピカピカすぎて恥ずかしいので、早く使い込んだ感じになるといいなと思っていたら、持ちなれない家族がいろんなとこにぶつけたり倒したりして、早速いい風合いに育っています。

なかしましほの工場探訪

菊水堂のポテトチップが好きだから。

おやつづくり名人のなかしましほさんが、
「好物です」というおやつがあります。
それは、菊水堂のポテトチップ。
パリっとかじれば、
ほのかな塩味とジャガイモの香りが
口の中にやさしくぱあっと広がります。
「これは……好きな味……」
好きが高じてなかしまさんは、電車を乗り継ぎ、
その工場を訪ねました。
興味津々のインタビューから、
白衣姿でのぞむワクワクの工場見学まで!

そもそもの出会いは？

なかしまさんと菊水堂ポテトチップが出会った場所は、有機野菜や産地直送の食材が並ぶスーパー『福島屋』さんでした。なかしまさんは普段、あまりポテトチップを食べないのだそうです。なのになぜ、これを手に取ったのでしょう？

「国立に引っ越してきた時、近くに福島屋さんというスーパーがありました。そのお店の品揃えが本当に信頼できるものだったので、『へぇ、ポテトチップも売ってるんだ。福島屋さんが扱ってるんだったら、食べてみようかな』と思って、わりと気軽に買ってみたのがきっかけです」。

食べてみると、しっかりとジャガイモの味がして、素直においしいなあと思ったのだそう。

「油で揚げてあるのに、くどくなくて癖がない。塩味も強すぎなくて、すごくちょうどいいんです。また食べたくなる味でした」。

なかしまさんは、すっかりこのポテトチップが好きになりました。自分で食べる分はもちろん、人に配る分まで、購入するようになったのだそう。

「このかさばるものを、どれだけの人に渡してきたことか（笑）」。

なかしまさんをここまで夢中にさせた、おいしさの秘密を探りに、埼玉県八潮市にある菊水堂さんの工場を訪ねました。

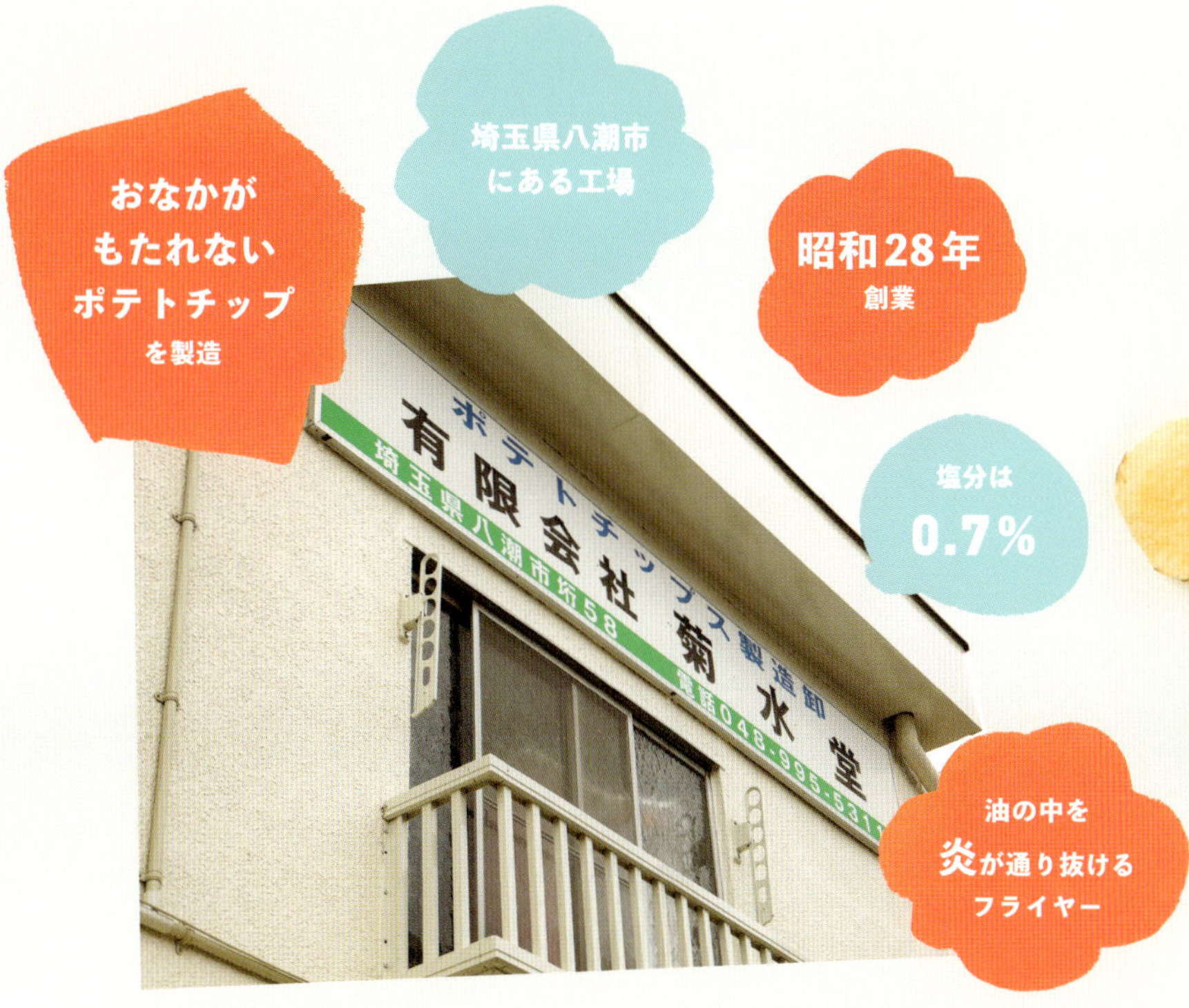

インタビュアー！なかしましほが おいしさの秘密を訊ねます。

菊水堂のポテトチップは、
ほんとうにシンプルな味付けです。
シンプルなのに、こんなにおいしい。
おいしさの秘密を知りたくて、
なかしまさんが素朴な質問を重ねます。
答えてくださるのは、菊水堂の社長・岩井菊之さんと
菊水堂のウェブサイト等を手がける
株式会社トポロジーの鈴木徹さんです。

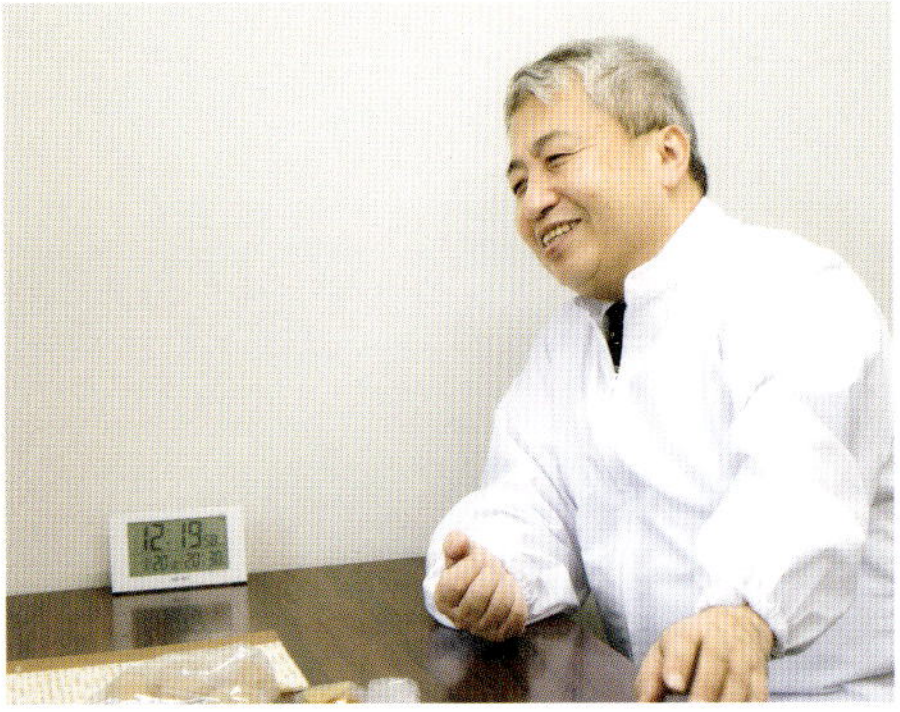
社長の岩井菊之さん。

なかしま　10年くらい前に福島屋さんで菊水堂さんのポテトチップをはじめて買いました。食べて、まず思ったのは、「塩気とお芋の味がちゃんとする。余計なものが入っていない。これはおいしいなぁ」ということでした。

岩井　そう言っていただけると、うれしいです。

なかしま　私はあまり胃が丈夫じゃないので、ポテトチップを食べると、おなかがもたれてしまうんです。でも、菊水堂さんのはそうなりませんでした。

岩井　ありがとうございます。

なかしま　パッケージもシンプルでかわいくて……あの、このパッケージの裏に「フライ油のなかを炎が通り抜けていく」という記載がありますが、これはどういう意味なんでしょう？

鈴木　菊水堂のフライヤーは非常に小さくて、フライヤーの油にパイプが5本沈んでいるんですね。そのパイプをバーナーの炎が通り抜けるんです

なかしま　そういうことでしたか。

鈴木　つまり、鍋を火にかけているのと同じような加熱方法です。それに対して大手さんの大きなフライヤーは、お釜が別にあって、そこで加熱した油を循環させて揚げる。全自動のお風呂みたいな感じですね。菊水堂は五右衛門風呂です（笑）。

なかしま　直焚きなんですね。

岩井　はい。私どものフライヤーは、昭和40年代から50年代の頃、日本で全盛期だったタイプです。でもいまは絶滅危惧種（笑）。たぶん世界的にも、もうほとんど動いてないと思います。

なかしま　それでもこのタイプを使い続けているのはなぜなのでしょう？

岩井　大きなフライヤーを使って自動でつくる場合、ジャガイモの品質にブレがあると、商品にならないものがたくさんできてしまう危険があります。その点、菊水堂のフライヤーは少量生産ですが、人間の目が入るので無駄なく揚げることができるんです。

右の男性が、販売関係を引き受ける鈴木徹さん。

なかしま　少量生産だから、細かくチェックできるんですね。ちなみに、このポテトチップが誕生したのは？

岩井　日本でポテトチップがつくられはじめたのは1950年です。私の父は、そこから10年遅れて参入しました。でもそのとき、ポテトチップのつくりかたを他のポテトチップ工場から習ってはいないんです。

なかしま　習っていないのに、どうやってこの技術を？

岩井　両親は下仁田出身で、冬場にこんにゃくを薄く切って軒に干す習慣があったので、スライス技術は知っていたんですね。ジャガイモを薄く切るのに、それを応用したようです。米油で揚げる技術は、かりんとう屋さんから習いました。そのかりんとう屋さんが米油を使っていたのです。

なかしま　米油で揚げていることにも

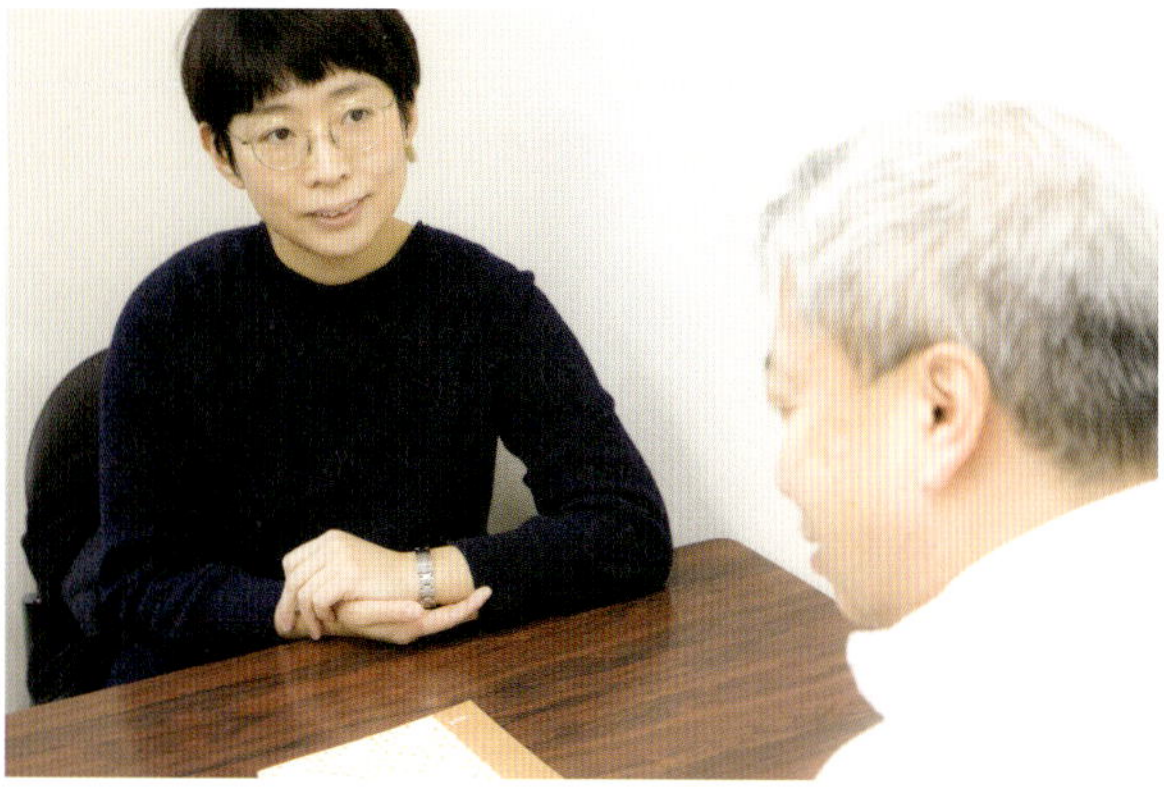

驚いたんです。ぜいたくな油ですよね。

岩井　はい。ちなみに今は、米油にパーム油をブレンドしています。

なかしま　パーム油が入ると、どう違ってくるのでしょう。

岩井　油は熱に弱いのですが、パーム油は安定性が高いので、加えると匂いが出にくくなるんです。

なかしま　なるほど……。このやさしい味付け、薄い塩味は昔からですか？

岩井　父は「子ども好き」だったんですよ。「子どもが食べられるものを」という発想が常々あったので、薄味なんです。塩分0・7%は、父が決めました。

なかしま　そうだったんですね。子どもが食べやすいよう、薄味に。

岩井　以前、女子栄養大の教授から「なぜ塩分を0・7%にしたのか」と質問されたことがあって、「いや、それはうちの親父が0・7%に決めちゃったんです。私は困ってます」と答えました。

なかしま　困ってるんですか（笑）。

岩井　薄味はコントロールが難しいんですよ。濃い味だったらラクができるのに。でも、その教授はこんなふうに言ってくれました。「食味検定をする時、素材にすこし塩味を付けますが、それが0・8%。塩味がなさすぎると素材の味がわからないし、濃すぎると素材の味が消えてしまう。ですからジャガイモに0・7%は、ばっちりです」と。

なかしま　ということは……。

岩井　父の決めた塩加減は、ちょうどよかったんです。揚げ方もね。私はただ揚げりゃいいと思ってました。父が「天気が悪いと揚がりがカラッとしない」と言ってるのを聞いて、「頑固親父がわけのわからないことを言ってる」と思ってました（笑）。ところが自分で毎日揚げてみると、環境によって変わることがわかってくるんです。

なかしま　またしても、お父様が正しかった。

岩井　ええ。ですからうちの工場では、常に温度管理などを細かくチェックするようにしています。

なかしま　工場を見せていただいて、思った以上に細かくデータ管理をされていることにびっくりしました。それと同時に、機械に任せきりじゃなくて、スタッフの方々の目がちゃんと行き届いている感じがしました。あと、女性スタッフの方が着用しているピンクのエプロンがとてもかわいい！　あれは購入できないんですか？

岩井　ごめんなさい、エプロンはお売りしていません（笑）。

なかしま　残念です（笑）。いま何人くらいの方が働かれているのですか？

岩井　30人です。13時、14時まで勤務の女性も多いんですよ。

なかしま　お子さんがいらっしゃる方々ですね。

岩井　そうです。

なかしま　さっき女性のスタッフからうかがいました。社長は「子どもがいるお母さんはいつ休んでもいい」とおっしゃっているそうですね。もう、ほんとにすばらしい職場だと感動して……。

岩井　いや、それもね、私の父の「子ども好き」が影響してるんです。

なかしま　ああ、受け継がれている！

岩井　なるべく働きやすい環境を整えていこうと思っています。例えば作業するテーブルの高さ。実は微妙に違うんです。働く人には背の高い人もいれば、低い人もいるので。

なかしま　そうですよね、ほんとうに。働く環境について参考になりました。

鈴木　私も見ていて、良い職場だと思います。良い環境で、社長をはじめスタッフみんなが、ジャガイモの味を大事に、素材を活かして仕上げています。

岩井　素材を活かすため、ジャガイモの産地や品種、それを洗うお湯の温度、油の配合などを常に調節しながら生産しています。ですからうちのポテトチップは、日々、微妙に味が違うんです。それが自然の味。完全に均一な味ではないことをご理解いただきながら、これからも菊水堂のポテトチップを召し上がっていただきたいと思います。

白衣を着てわくわく工場見学！

菊水堂のポテトチップができるまで

1. コンテナー

ジャガイモが産地や収穫日ごとに管理されています。

2. ジャガイモ洗浄・皮むき

水とお湯で洗い、
ていねいに皮がむかれます。

3. スライス

スライスの厚みは、ジャガイモの比重で変わるのだそう。

4. フライヤー

これが炎が通り抜けるフライヤー！
年季が入ってます。

5. 揚げる

ゆっくり、こんがり、直火で揚げられるジャガイモたち。

6. 温度管理

環境に左右されるため、油の温度は細かく管理されます。

7. 試食

まさに揚げたてを、特別に試食させていただきました。

8. 選別へ

揚げられたジャガイモが次々と運ばれていきます。

姿のいいチップたちが目の前を軽やかなステップで進みます。

工場探訪後記

　工場では、温度などの管理がものすごく徹底されているだけでなく、衛生面も細かくチェックされていました。さらに試薬なども用意されていて、油の劣化具合などを日々まめに調べているそうです。社長ご自身がとてもきちんとした性格でいらっしゃることもあるのでしょうが、あそこまで緻密に管理されていることを知らなかったので驚きました。でも、それが表に出てないのがいいですよね。商品自体はさっくりふんわりした感じなのに、その裏には細かいデータ管理や、子どもやスタッフの方への気配りがある。それを知って、「ああ、なるほどなぁ」って。ますます、このお菓子を好きになりました。

　そして、油のこと。米油を使っていることが、くどくなくて癖がない仕上がりの秘密なのでしょうね。米油をふんだんに使うって、贅沢なことだと思います。ほとんどのお菓子は「家庭でつくったできたてがおいしい」と言えると思いますけれど、このポテトチップは別。工場で作ったものを買って食べるのが、圧倒的においしいです。家庭では再現できない味です。

9. 人の目でもチェック

機械だけでなく、
人の目でもしっかり選別。

10. 袋詰めへ

味付けされたチップが、
袋詰めの機械で分けられます。

11. 袋詰め

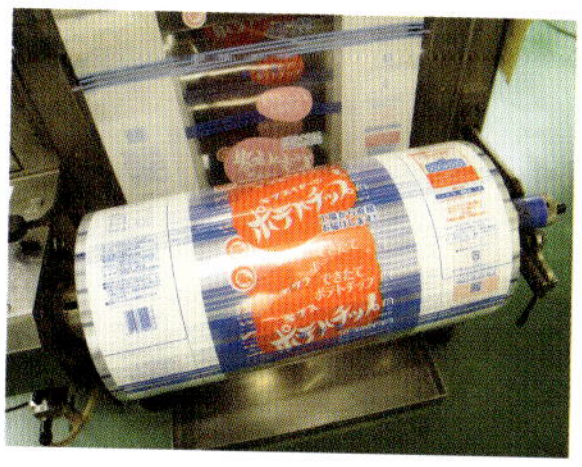

昔ながらのかわいいパッケージに
一袋ずつ。

12. 計量

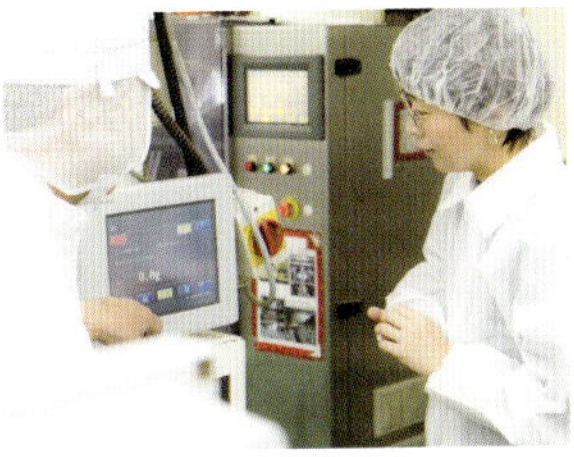

最後の関門。規定の重量を満たしているか、チェック。

13. 完成!!!

長く厳しい工程を経て完成。
できたての味を配送です。

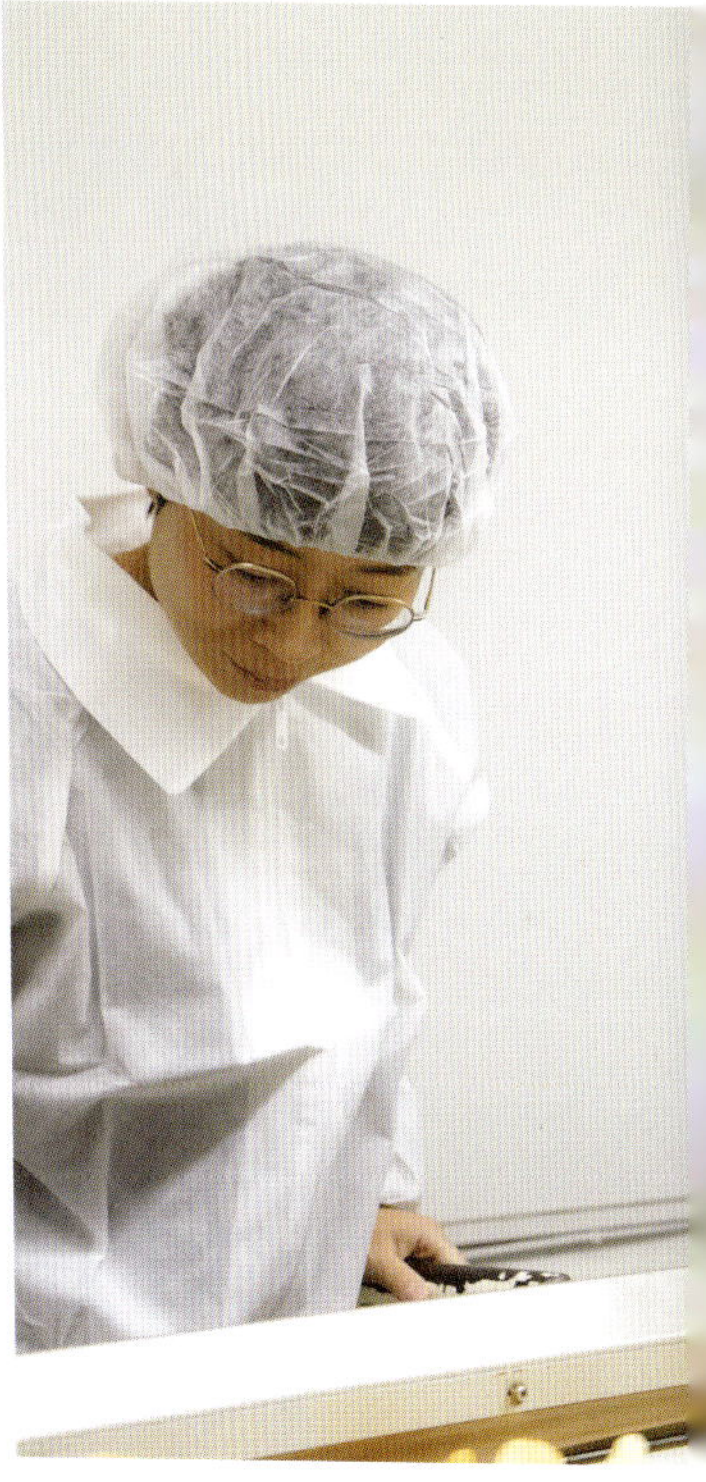

ここで買えるよ！

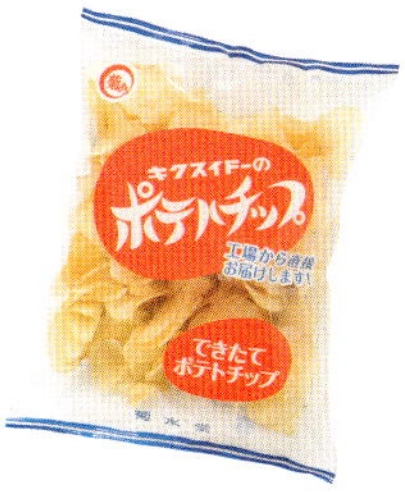

菊水堂

埼玉県八潮市大字垳 58 番地
http://kikusui-do.jp/

HP から注文すると、だいたい翌週には届きます。

三國万里子さんのあたらしい試み１

百年前のワークコートを復刻

編みもの作品をつくり続ける三國万里子さんは、
ニットに限らず洋服そのものが大好き。
新しい服も、古着も、自由にコーディネートしては、
日々のおしゃれをたのしんでいます。
そんな三國さんが「ニット以外の洋服」のリリースに
関わることになったのは、
とても自然な流れだったと言えるでしょう。
今回、実現したのは、
三國さんが古着屋さんで買ったワークコートの復刻です。
自分の一着が、長いあいだの愛用で
傷んで着られなくなったことが、
復刻版を世に出したいと思ったきっかけでした。
より着やすくおしゃれなワークコートに生まれ変わるよう、
三國さんのアイデアも盛り込まれています。
復刻にあたっての思いを、三國さんに聞いてみましょう。

※このワークコートは、ウェブサイト「ほぼ日刊イトイ新聞」上のネットショップで販売します。http://www.1101.com/store/soeur/coat/
（キットではなく完成品の販売です。また、生産数の都合により完売になっている可能性もあります。あらかじめご了承ください）

ベーシックな形はそのままに。インディゴで深みが加わりました。

三國　フランスの物を扱う古着屋さんで、こういうタイプの青いワークコートをよく見かけます。ダーツがしっかり入っていたり、白い小花柄が散っていたりするものもあり、ちょっと見たところはワンピースのようでもあります。お店の人に聞くと「アトリエコート」とか「ブルーズ」といって、１００年ほど前に、一般的に作業をするときに羽織るものだったと教えてもらいました。わたしも数ある中から「自分の一枚」を見つけようと、古着屋さんで試着を重ねて、ようやく出会ったのが、今回復刻したコートの元になったものです。形は比較的ストンとしているけれど、着ると女性らしい。好きすぎて、生地がクタクタになるまでよく着ました。今回復刻版として作ったものは、ワンピースとしてはけっこう張りのある生地ですが、コート地としてはやや薄手。つまりワンピースとコートの中間くらいの生地です。季節を問わず羽織ることができて、いろいろな洋服とコーディネートもしやすいと思います。最も気を配ったのは、色です。インディゴで深い青色に染めました。少しずつ褪色していく過程を楽しんでいただけたらと思います。

ヘアバンド ¥3,200／ネストローブ（ネストローブ表参道店）　その他スタイリスト私物　モデル身長／176cm

写真＝長野陽一　商品写真＝富井義人　スタイリング＝岡尾美代子　モデル＝NANA　ヘアメイク＝茅根裕己（Cirque）　取材・文＝宮原沙紀

気楽に、でも「しゃんと」着るワンピース。

三國　「コート」と名前がついていますが、ボタンを全部留めてワンピースとして着るのもおすすめです。私はボタンを開けて羽織るより、もっぱらワンピースとして着ることが多いです。158cm の私が着ると、ベルトがウエストマークせずに腰骨のあたりにきて、ゆるくブラウジングされるのが気に入っています。ベルトの端がぷっつり直角に終わっていたのが、長年着ていてただひとつ気に入らないところだったので、今回作るにあたってカーブをつけていただきました。これだけのことなのですが、ワンピースとして着るのに似つかわしい優しさが出たと思います。

キャップ ¥9,800 ／ネストローブ（ネストローブ表参道店）
スカート ¥14,800 ／エフエルダブリュ（フォグリネンワーク）
ソックス ¥2,100 ／ネストローブ（ネストローブ表参道店）
その他スタイリスト私物
問い合わせ先／ネストローブ表参道店 03-6438-0717
フォグリネンワーク 03-5432-5610

お気に入りのコートに、もう一度袖を通せるよろこび。

百年前のワークコートが再現され、もう一度袖を通せることを素直によろこぶ三國さんに訊きました。この一着をつくるにあたって、改良した点を教えてください。

三國 化学染めの青だったものを、インディゴ染めで作ってもらいました。微妙に濃淡がついているので、深みが出て、ずーっと見ていたいと思う色に仕上がったと思います。深い色と光の調和が感じられて、とてもきれい。インディゴ染めの青は、吸い込まれるような美しさです。でも時には逆に、まるで光りを放っているように見えたりもします。それと、古着のコートではボタンの間隔が広めだったのですが、ワンピースとして着やすいように、ボタンをひとつ増やして間隔を狭めてもらいました。ほかにも、パタンナーの方が、少しだけ首に沿うように襟の部分を変えてくださいました。おかげで首元がすっきり見えるようになり、さらにコートとしてもワンピースとしても着やすい一着になったと思います。なにしろコーディネートがしやすいので、またこれをしょっちゅう着ることになりそうです。

今回、着用してくれたモデルさんも、とても似合っていますね。

三國 はい。すごくかわいくてうれしいです。ただ、身長158センチの私より20センチも背が高いんですよ。私が着るとだいぶイメージが変わります。違う似合い方で、驚きました(笑)。

最後に、お洗濯の方法は?

三國 インディゴ染めなので、洗うたびに色は変化していきます。洗濯機で洗えますが、ネットに入れてください。最初のうちは色落ちしますので、単品で洗ってくださいね。ジーンズと同じで、当たる部分から色が抜けていくと思います。私も、じっくり変化を観察しながら着ていくつもりです。

※ワークコートについてはウェブサイト「ほぼ日刊イトイ新聞」へ。http://www.1101.com/store/soeur/coat/

三國万里子さんのあたらしい試み2

自分でつくる
セミノールパッチワークスカート

三國万里子さんをとりこにしたセミノール族のスカート（34ページ参照）。

そのデザインをもとに三國さんは、
2種類のオリジナルパッチワークスカート（ネイビー／ローズ）を自らの手でつくりました。

そのつくりかたを、本誌でご紹介いたします。

そう、あなたにもこのスカートがつくれるのです。

編みかたではなく「洋裁」を伝えるのは三國さんにとっても初の試み。

こんなに細かいパッチワークを自分の手で……？

と不安になったあなた、ご心配なく！

意外と難しい要素は少なく、ミシンがあれば初心者さんにも挑戦できます。

セミノールパッチワークスカートについて、三國さんにうかがいました。

ネイビー

つくったのは2種類。まずは2色のコントラストのスカート。

三國　紺地にオレンジの模様が入っていて、モダンな印象です。で、振り向くとグレーの模様が表れる。裏と表で模様の色が違うので、好きな方を前にして着ることができます。セミノール族のスカートは様々な色を使っていて、かなりカラフルなのですが、２色使いでもいいんじゃない？　と思いました。色数を絞ったことで、モダンさが強まったと思います。形はギャザースカート。もたつかないように、ギャザーは控えめにしています。セミノール族のスカートは、いくつかの柄を横縞状につなげていますが、このスカートは、縦につなげています。縦ラインの方が、すっきり見えると思ったので。また、柄を全体に散らさず中央に集めることによって、絵をフレームに入れたような視覚的な効果を出せたと思います。

4色を使ったカラフルなスカートは、
軽快に履きこなして。

三國　カラフルなバージョンのパッチワークスカートは、ばらの花をイメージして色を決めました。軽い薄手の布なので、春先にぴったりですよね。色がたくさん入っていますが、案外コーディネートしやすいですよ。私だったら多分、おもしろい柄のTシャツを合わせたりします。スニーカーをはいて。夏になったらビーサンにはきかえて、このスカートでそこら中行きたいです。

ローズ

ブラウス、その他スタイリスト私物

手芸の初心者にもおすすめ、このスカートのつくりかたを紹介！

セミノール族の民族衣装に「つくりたい欲」を刺激され、自分でもそのパッチワークをつくった三國さん。あの細密な模様に挑戦してしまうとは……。しかし意外にも、編みものに比べたら、あっという間にできてしまうのだとか。このかわいい2バージョンのスカートは、ほんとうに誰にでもつくることができるのでしょうか？ そこを不安に思う人は多いはず。どうなのでしょう、三國さん。

「普通のパッチワークは、例えば、ひし形の周りに5ミリの縫い代をつける作業を、ちまちまと何百枚、何千枚とするのですが、このスカートはその作業をしなくていいんです。パッチワークに付き物の縫い代のストレスが少なくて、作る工程で難しい要素もありません。完全に手仕事の編みものとは違って、ミシンという便利な道具を使うことも大きいです。ミシンが縫ってくれますから」。

なるほど……少し不安がなくなりました。このスカートをつくる上で、注意点はありますか？

ネイビー

「裏側はロックミシンがかかっていないので、布が裂けてしまわないように、縫い代を細くしすぎないように注意してください。でもパッチワークなので、あまり大きく縫い代を残すと、重くなりすぎてしまいます。その加減に気をつけて、バランスを見ていただけたら、きれいに仕上がりますよ。お洗濯は手洗いをおすすめします。自分の大事な時間が詰まった手仕事なので、洗うときも大事に洗ってほしいです」。

最後にもうひとつ質問を。仕上げるのにどのくらいの時間がかかりますか？

「時間はかかると思います。根を詰めて作業をして、最低でも丸3日はかかるんじゃないかな。でも、作る時間も楽しんでいただけたらと思います。パッチワークって楽しいですよ。仕上がった時の達成感も味わえますし」。

簡単なことではないし、時間もかかる……。でも、楽しんで取り組めば初心者さんにもできるのですね。がんばって、世界に一枚のスカートをつくれたなら、それはとてもうれしいはず。自分でつくったスカートで、軽やかにお出かけしてみませんか？ ■

写真＝長野陽一　スタイリング＝岡尾美代子　モデル＝NANA　ヘアメイク＝茅根裕己（Cirque）　取材・文＝宮原沙紀

セミノールパッチワーク スカートのつくりかた

メインカラーの裁断図　※縫い代が含まれています。

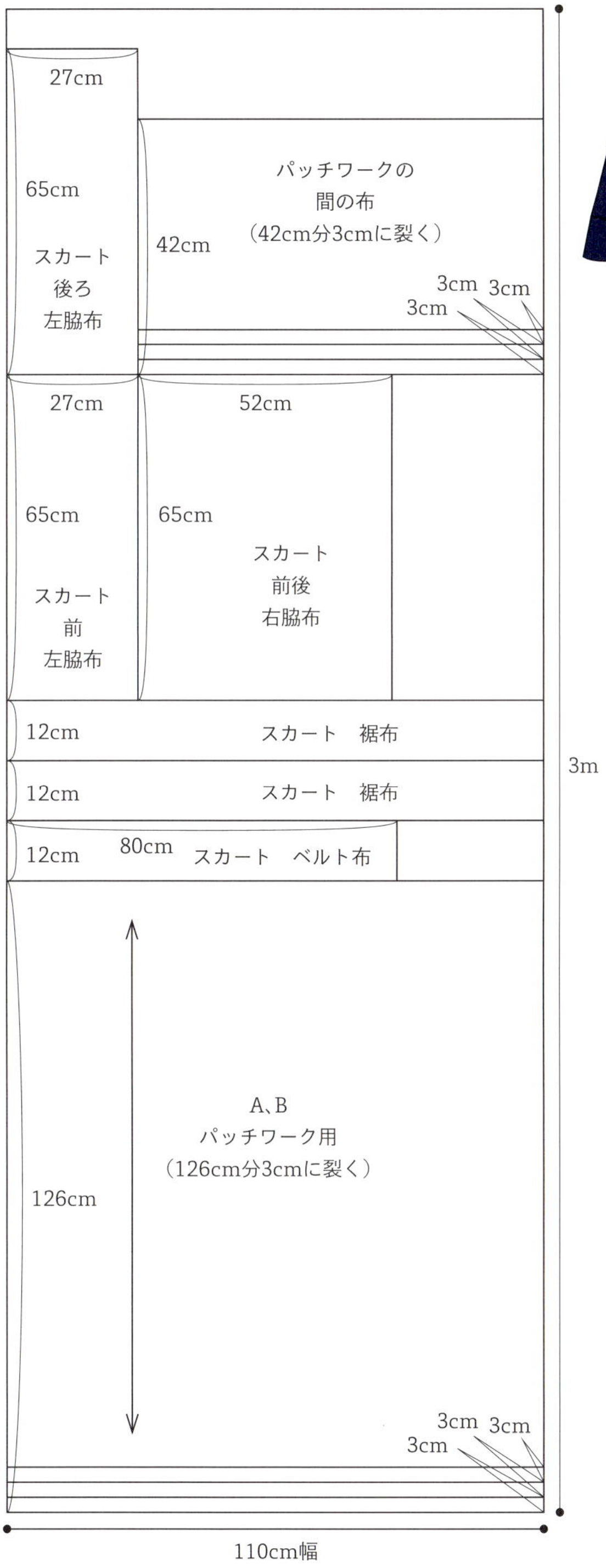

ネイビー

ローズ

出来上がり寸法

丈：77cm（ベルト布含む）
ウエスト：74.5cm

材料

・CHECK&STRIPEオリジナル海のブロード（110cm幅）

（ネイビー）
・メインカラー　スタンダードネイビー … 約3m
・前アクセントカラー　オレンジ … 約55cm
・後ろアクセントカラー　ライトブルーグレー … 約55cm

（ローズ）
・メインカラー　木いちご … 約3m
・前後アクセントカラー（A）
マッシュルーム、ストロベリークリーム、スモークエメラルド … 各約25cm
・前後アクセントカラー（B）　ベリー … 約45cm

・スナップ … 直径7mm×7組
・接着芯 … 約20cm（92cm幅）

作り方の流れ

1.

A、B 2種類のパッチワークのモチーフをつくり、
各モチーフを接ぎ合わせる。

2.

接ぎ合わせたA、Bのモチーフの間に布をはさみ、
パッチワークのパネルをつくる。

3.

パッチワークのパネルにスカートの脇布、裾布、
ベルト布を付けて、スカートを完成させる。

メインカラー

アクセントカラー

目安

（ネイビー）
・スタンダードネイビー+オレンジ 9本
・スタンダードネイビー+ライトブルーグレー 9本

（ローズ）
・木いちご+マッシュルーム 6本
・木いちご+ストロベリークリーム 6本
・木いちご+スモークエメラルド 6本

A

① メインカラーとアクセントカラーを中表に合わせ、布端から1cmのところを縫う。

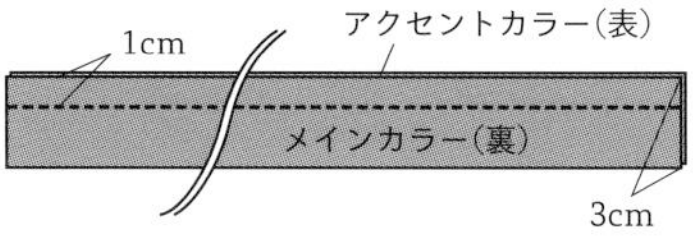

② 縫い代はアクセントカラー側に倒す。

1. モチーフをつくり、接ぎ合わせる。

メインカラー、アクセントカラーの布をそれぞれ耳から耳まで3cm幅で裂く（切る）。（裂いた場合、伸びた布端をアイロンで整えておきます）

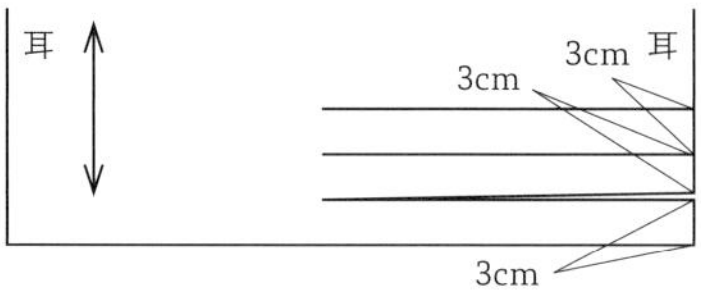

③ 下の寸法でカットしていき、モチーフを作る。
（ロータリーカッターでカットすると縫う時に布端を合わせやすいです）

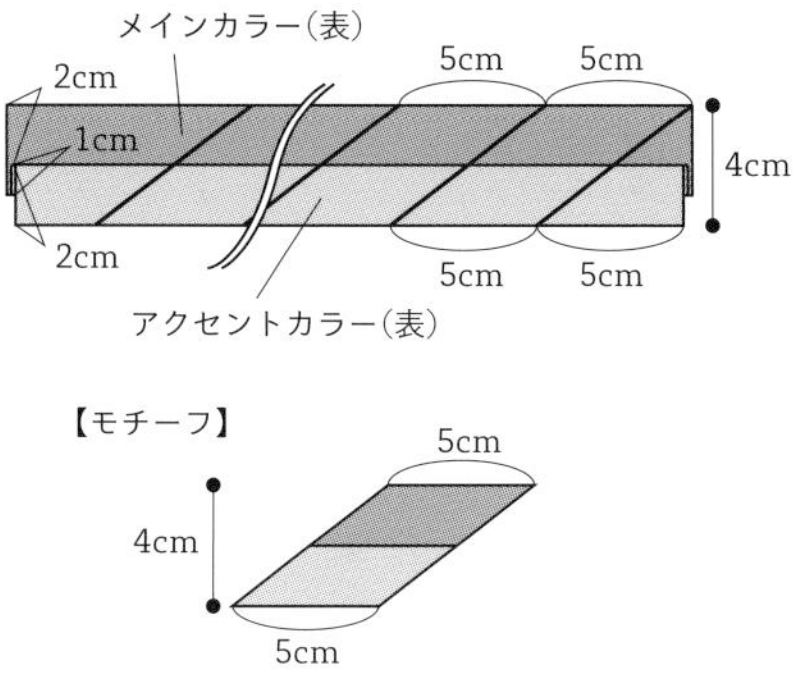

④ モチーフを接ぎ合わせる。
モチーフを下の図の方向におき、中表に合わせ、布端を揃えて0.7cmのところを縫う。

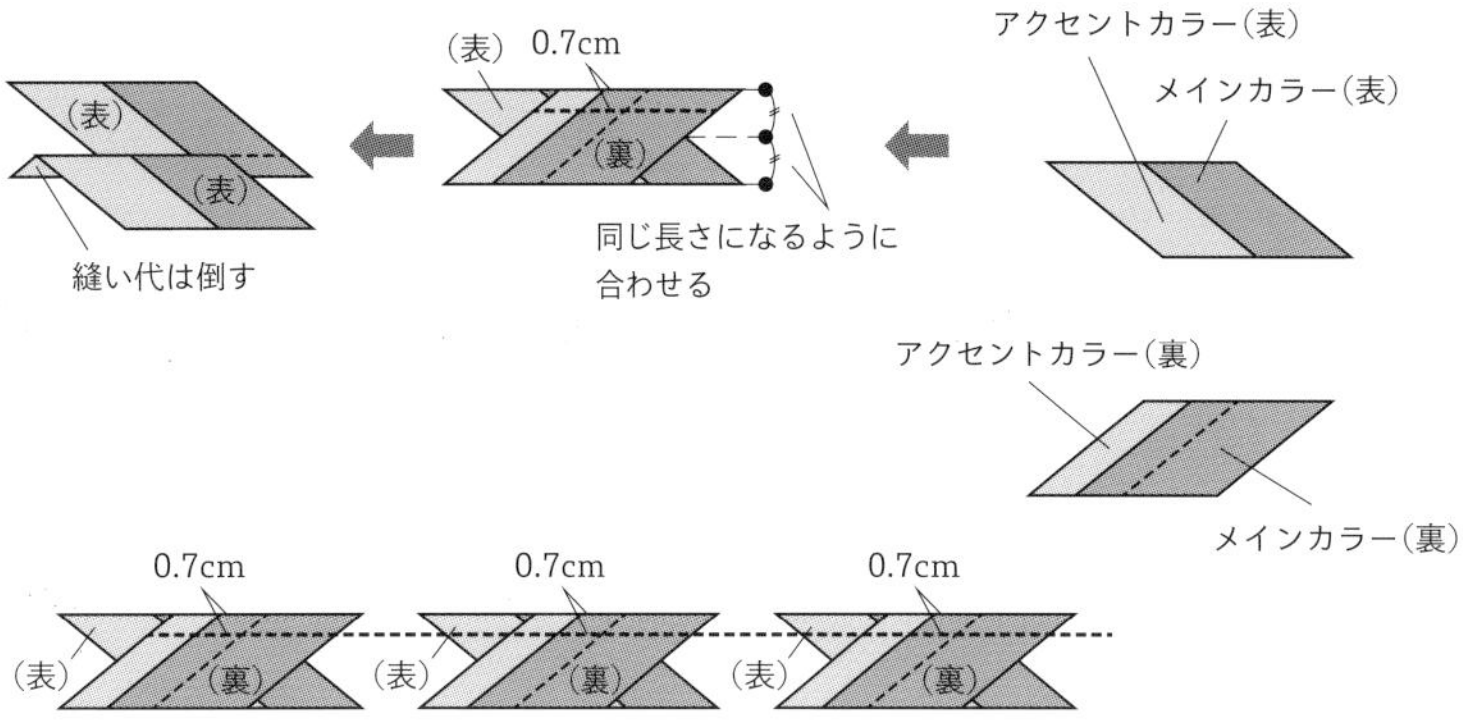

※ 続けてミシンをかけると糸を切る手間が省けます。

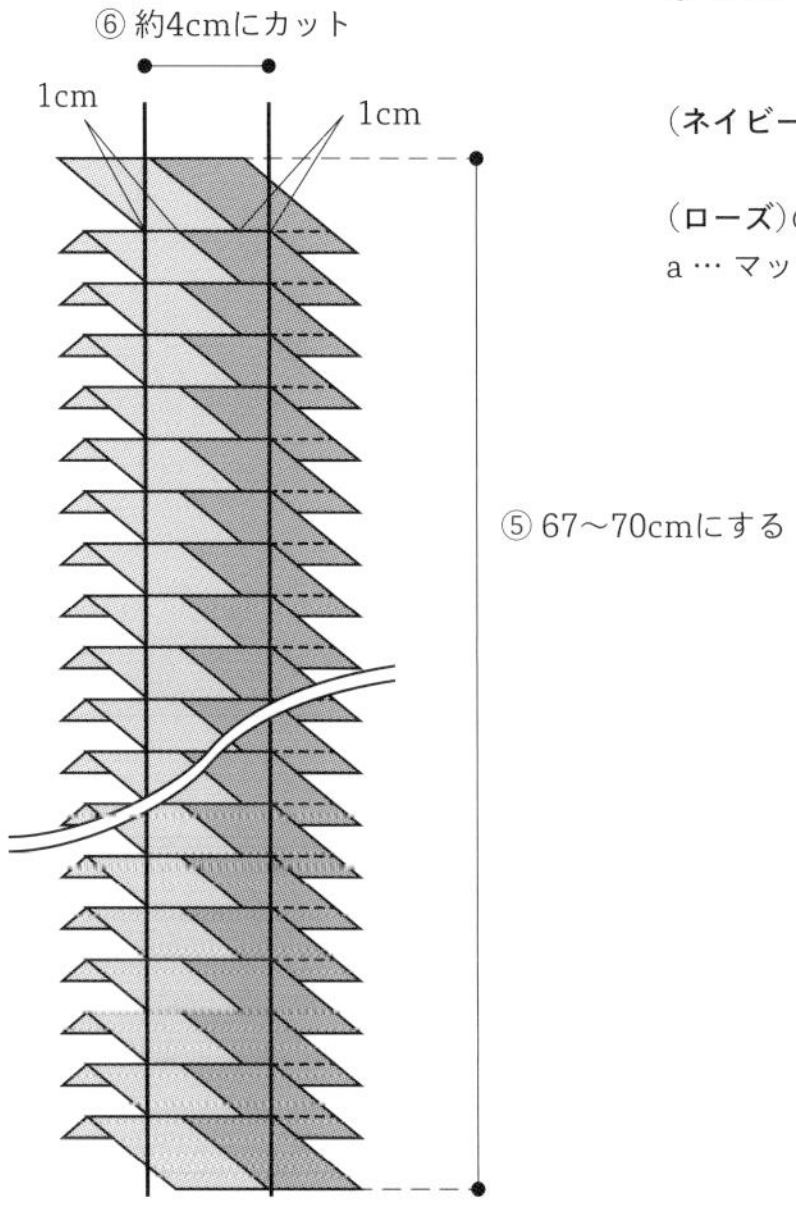

⑤ 67〜70cmくらいになるように接ぎ合わせていく。

⑥ 約4cmになるように切り揃える。

（**ネイビー**）の場合、前4本（オレンジ）、後ろ4本（ライトブルーグレー）作る。

（**ローズ**）の場合、abc、abcの順番で接ぎ合わせ、前後で8本作る。
a … マッシュルーム、b … ストロベリークリーム、c … スモークエメラルド

③ 下の寸法でカットしていき、モチーフを作る。

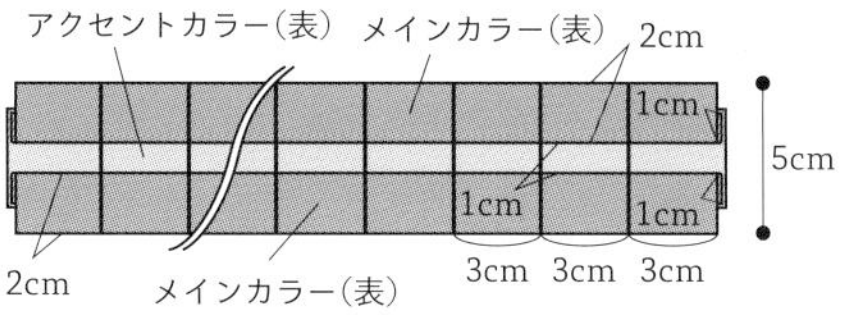

【モチーフ】

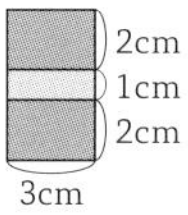

B

① メインカラーとアクセントカラーを中表に合わせ、布端から1cmのところを図のように縫う。

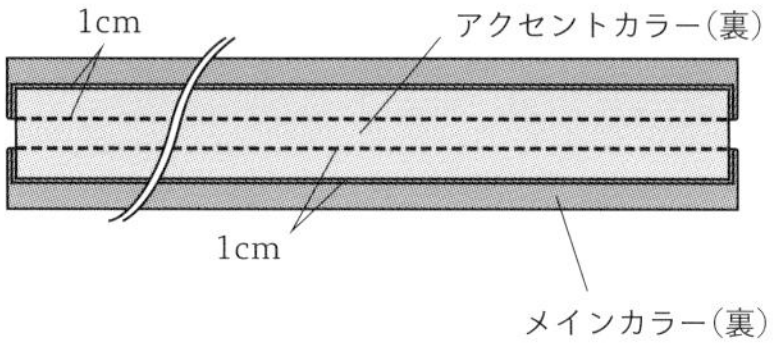

目安

(**ネイビー**)
・スタンダードネイビー+オレンジ 6本
・スタンダードネイビー+ライトブルーグレー 6本

(**ローズ**)
・木いちご+ベリー12本(前後とも同色)

② 縫い代はメインカラー側に倒す。

④ モチーフを接ぎ合わせる。
モチーフを図のようにアクセントカラーの正方形がずれるよう中表に合わせ、布端を揃えて1cmのところを縫う。

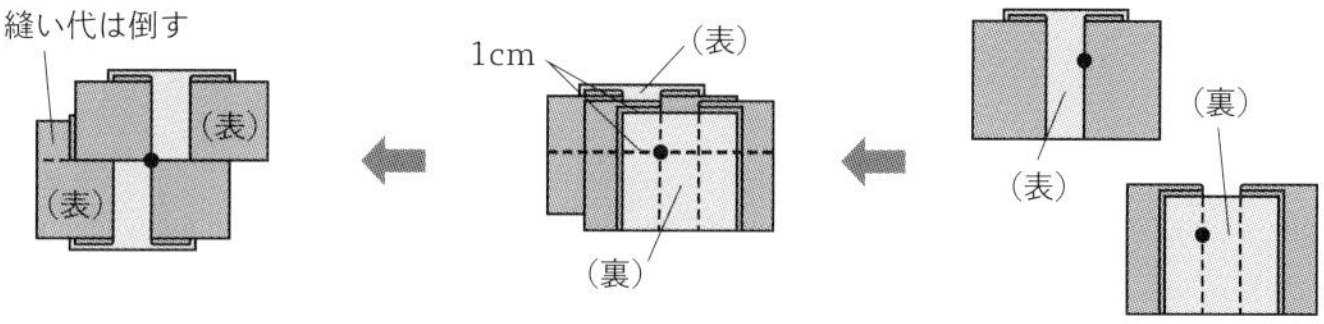

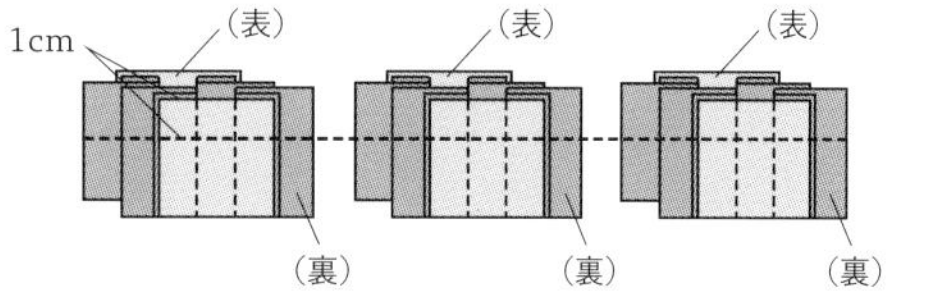

※ Aと同様、続けてミシンをかけると糸を切る手間が省けます。

⑤ 67～70cmくらいになるように接ぎ合わせていく。

⑥ 両端を0.5cmのところで切り揃える。

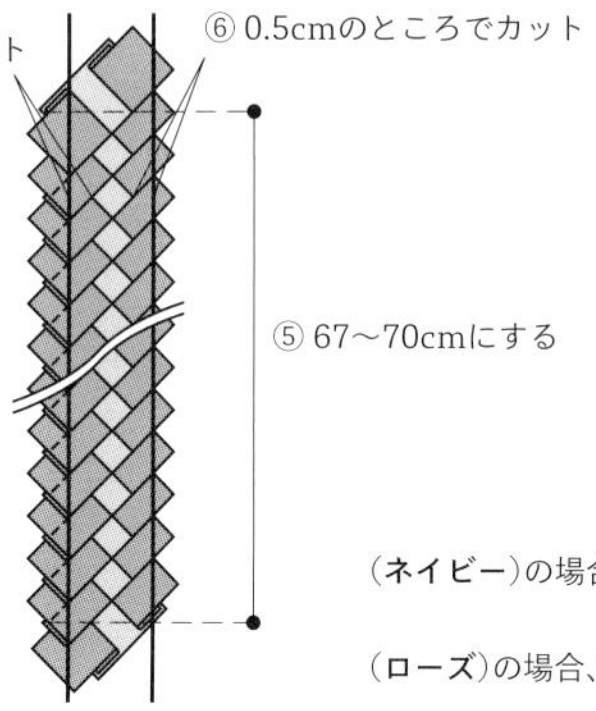
⑥ 0.5cmのところでカット

(**ネイビー**)の場合、前4本(オレンジ)、後ろ4本(ライトブルーグレー)作る。

(**ローズ**)の場合、前後で8本作る。

2. パッチワークパネルを作る。

① 3cmに裂いた布を前後7本ずつ用意し、0.5cmの縫い代で下図の並びで縫う。
縫い代ははさんだ布側に倒す。Aの柄は図のように片サイド逆にする。

② いびつな部分をカットし、形を整えて65cmの長さにする。

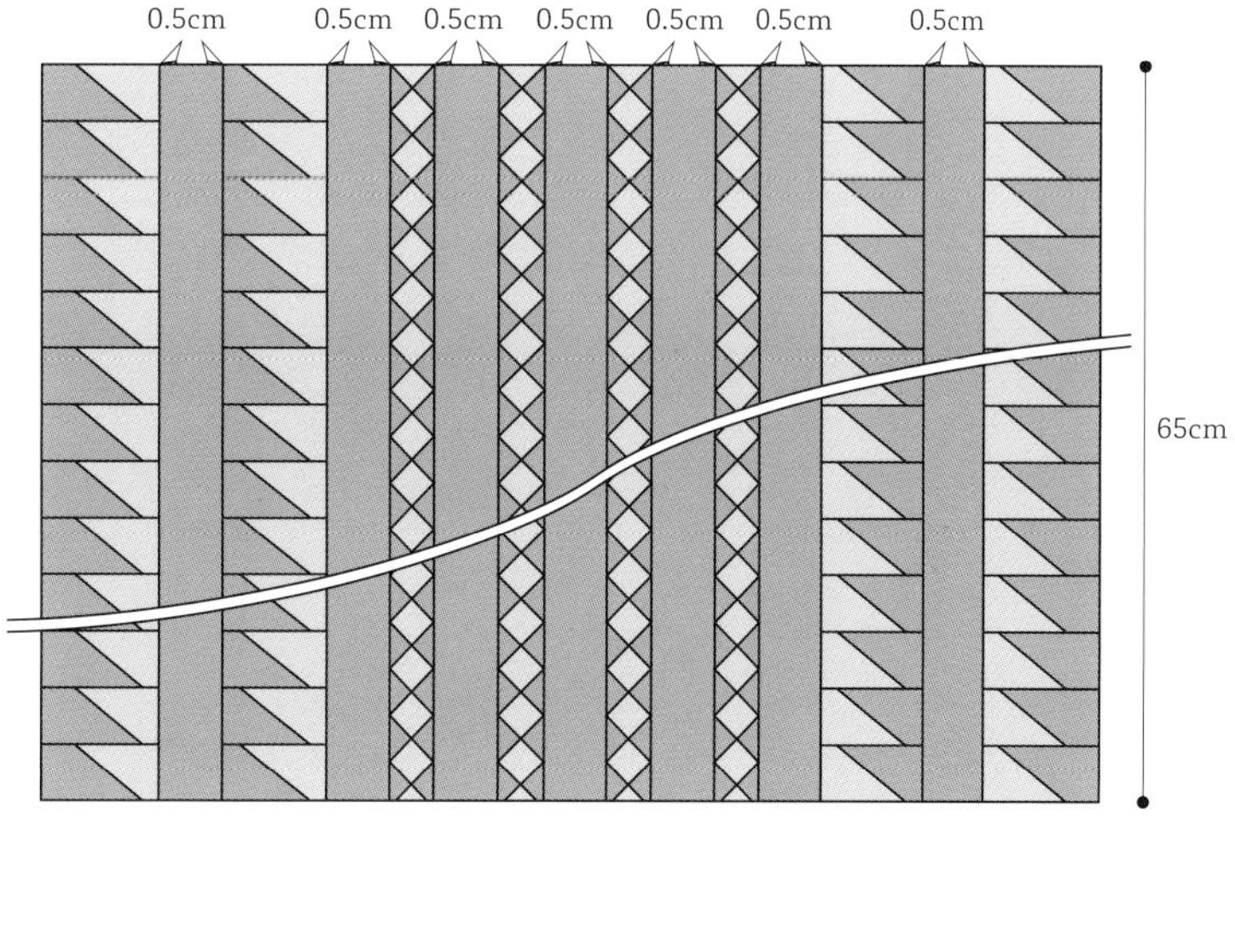

② パッチワークのパネルと脇布を中表に合わせて縫う。
この時、パネルの縫い代は0.5cm、脇布の縫い代は1cmで縫う。
縫い代は脇布側に倒す。

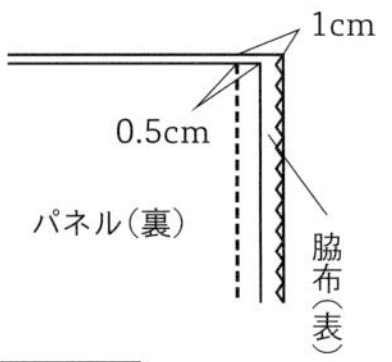

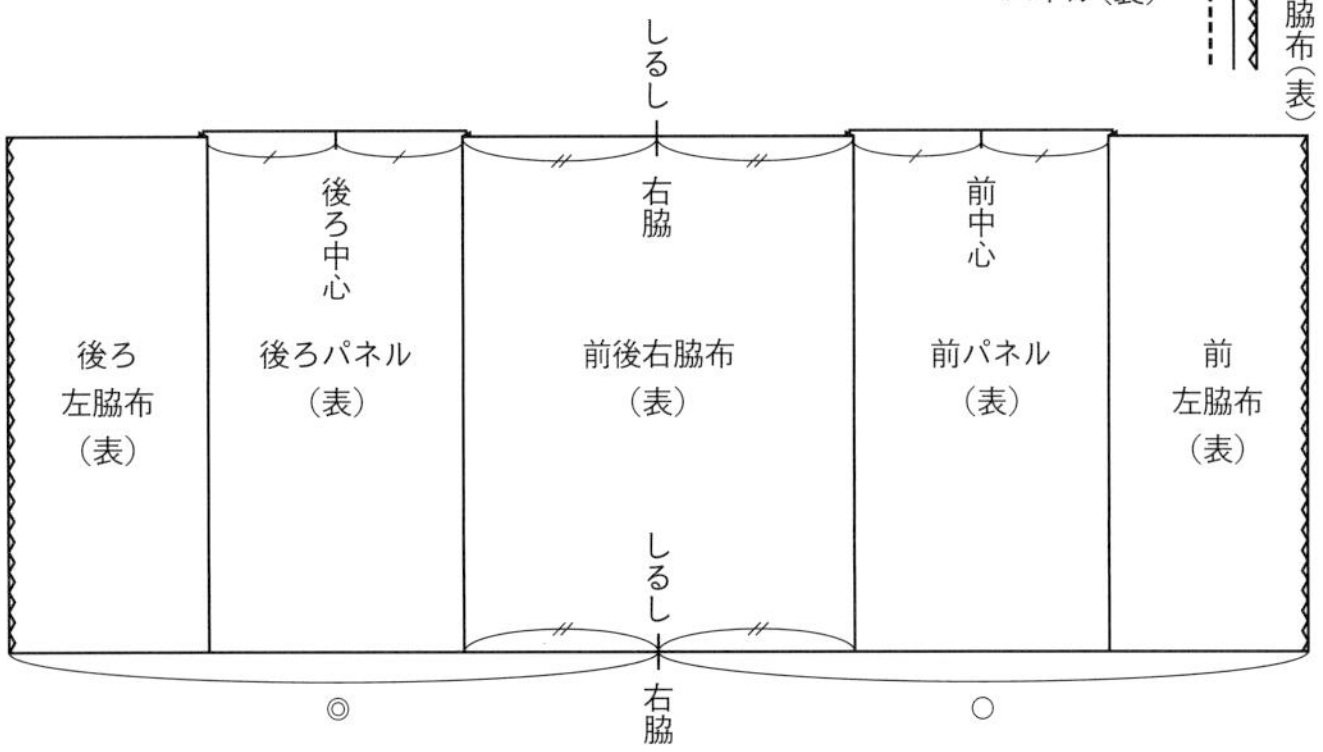

③ 前後右脇布の1/2のところに右脇のしるしを付ける。

3. スカートをつくる。

① 脇布の縫い代始末をする。（ロックミシンまたはジグザグミシン）

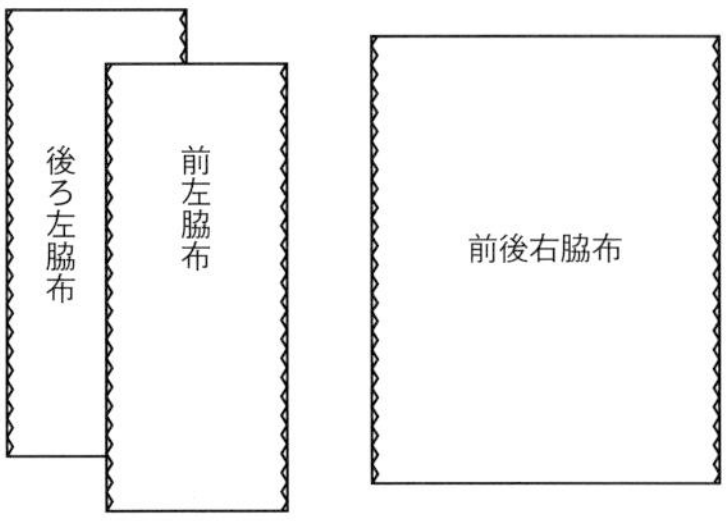

④ 前後裾布の長さを決め、縫い代始末をする。
（ロックミシンまたはジグザグミシン）

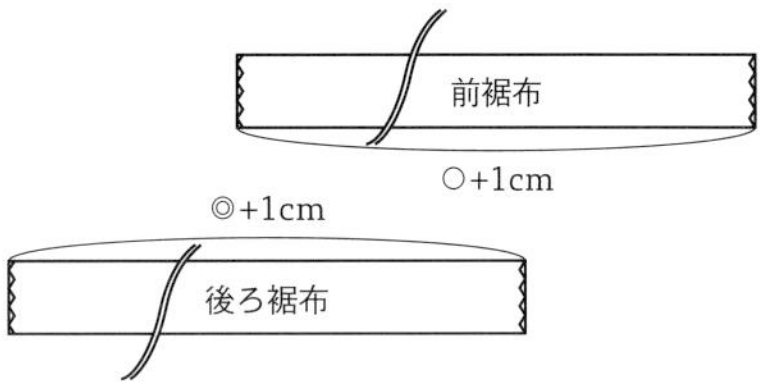

⑤ スカートの左脇を縫い、あきを作る。

前後の左脇布を中表に合わせ、布端から1cmのところをあき止まりまで縫う。（あき止まり…上から20cmのところ）

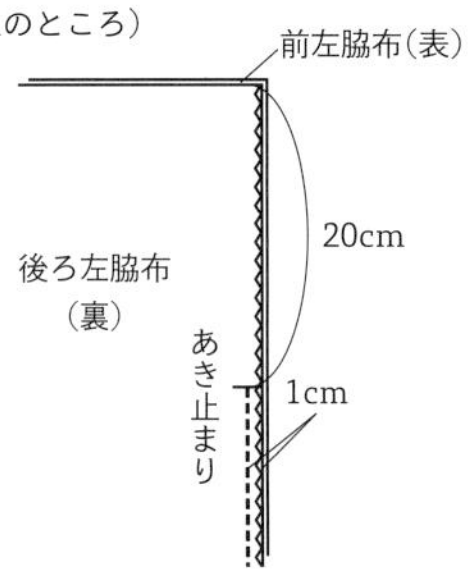

⑥ 縫い代は割り、あきの始末をする。

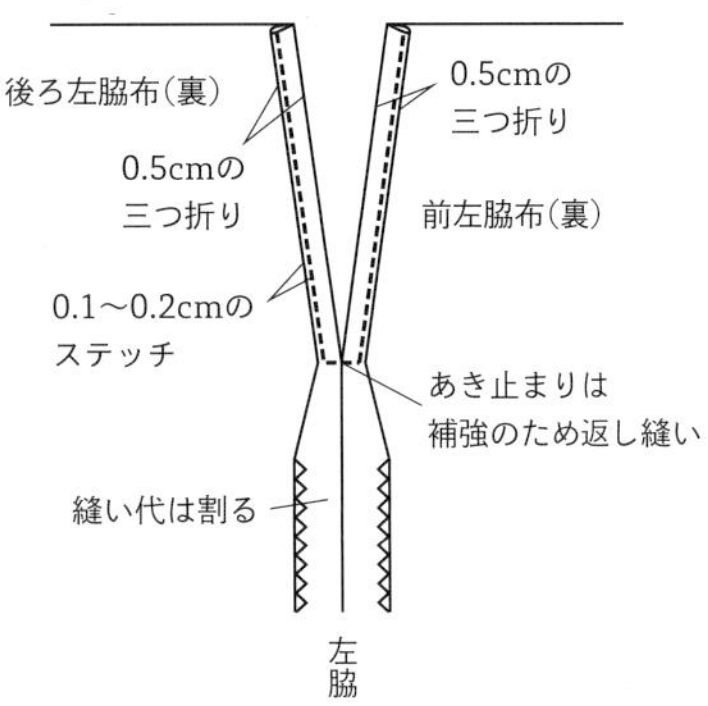

⑦ 前後の裾布を縫う。
前後の裾布を中表に合わせ、布端から1cmのところを縫い、縫い代は割る。裾を三つ折りにし、ステッチをかける。

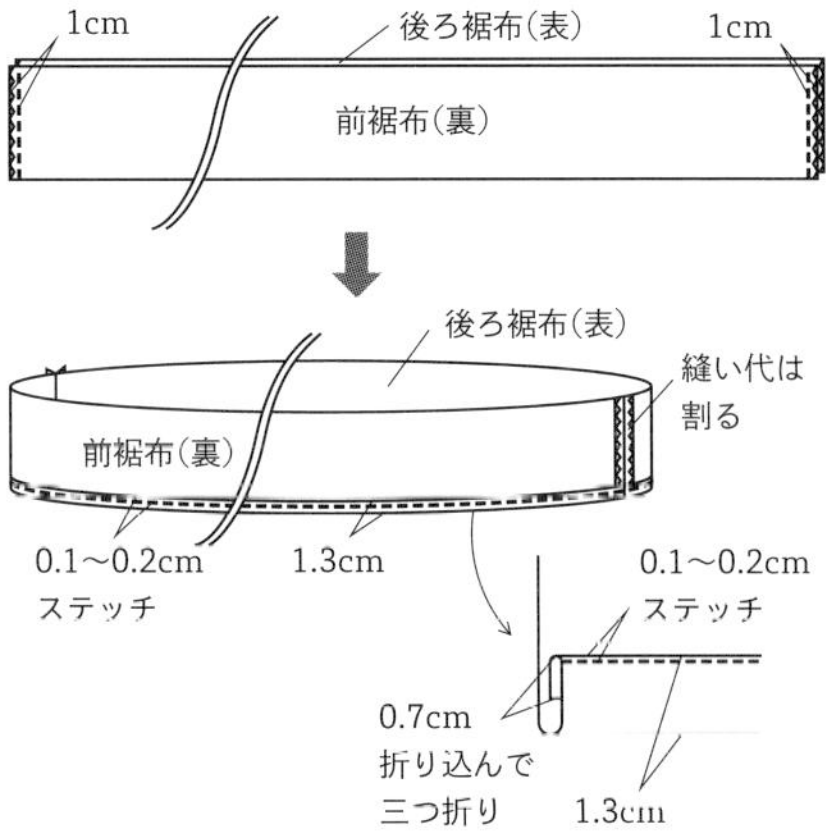

⑧ ⑥のスカートに⑦の裾布を付ける。
スカートと裾布を中表に合わせ布端から1cmのところを縫い、
2枚一緒に縫い代始末をする。（ロックミシンまたはジグザグミシン）
縫い代は裾布側に倒し、ステッチをかける。

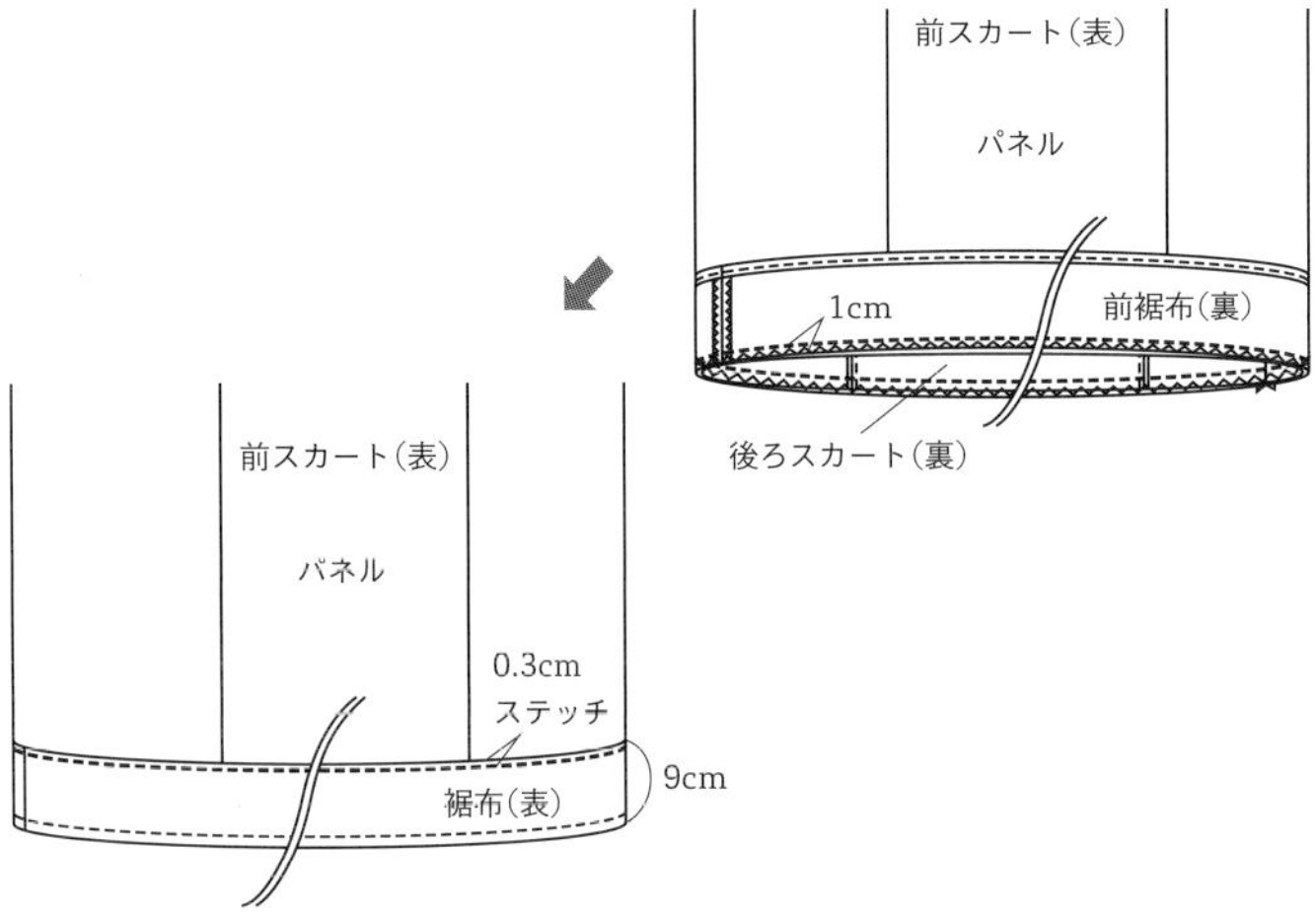

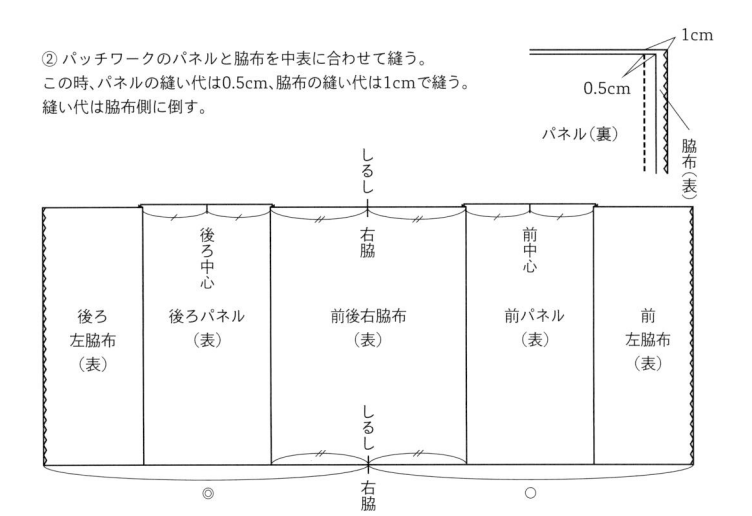

●ギャザーの寄せ方

パネル、脇布それぞれに布端から0.8cmと0.5cmのところに
粗いミシンをかける。またはぐし縫いをする。

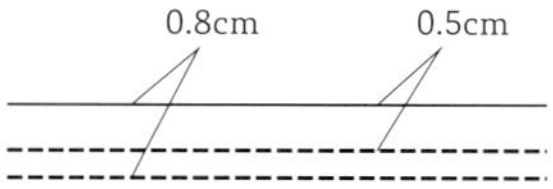

表記した寸法にギャザーを寄せ、縫い代側を
アイロンで押さえ、ギャザーを固定させる。

⑨ スカートのウエストにギャザーを寄せる。

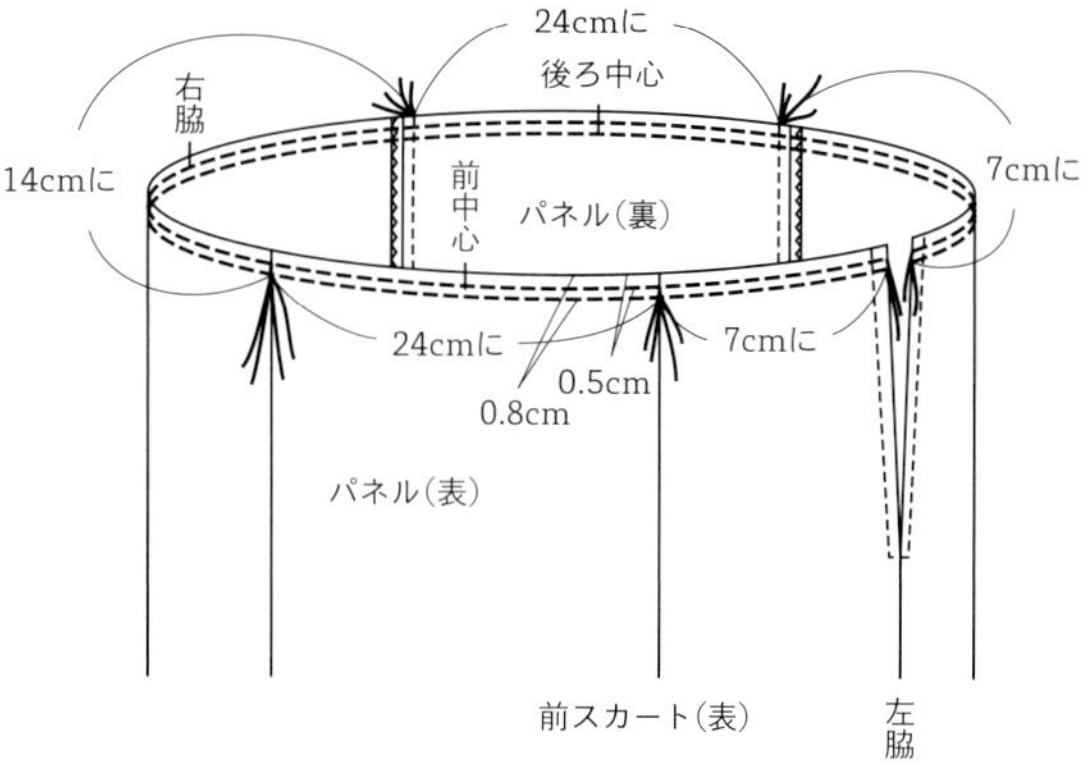

⑩ ベルト布を作り、スカートに付ける。
⑩-1 ベルト布の裏に接着芯を貼り、片方を1cmアイロンで折っておく。
スカートに合わせてしるしをつけておく。

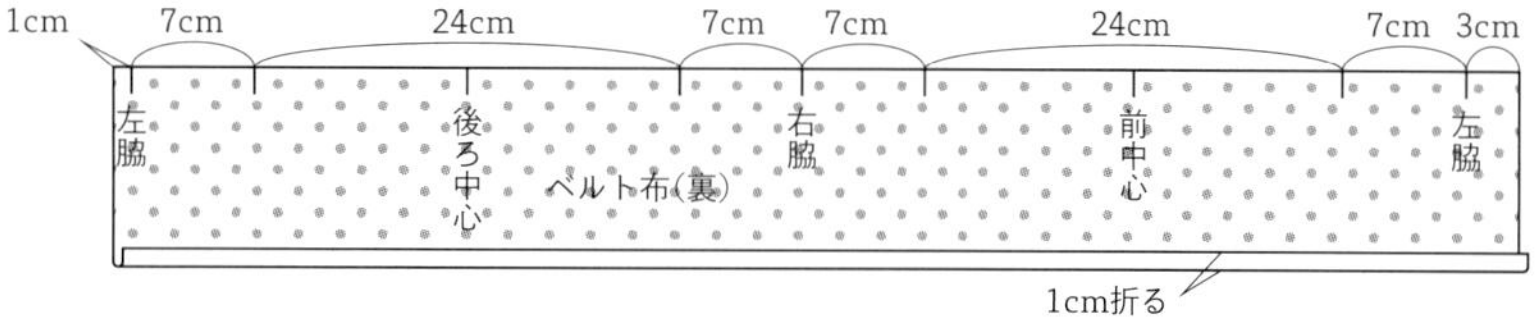

⑩-2 スカートとベルト布を中表にし、
しるしを合わせて布端から1cmのところを縫う。

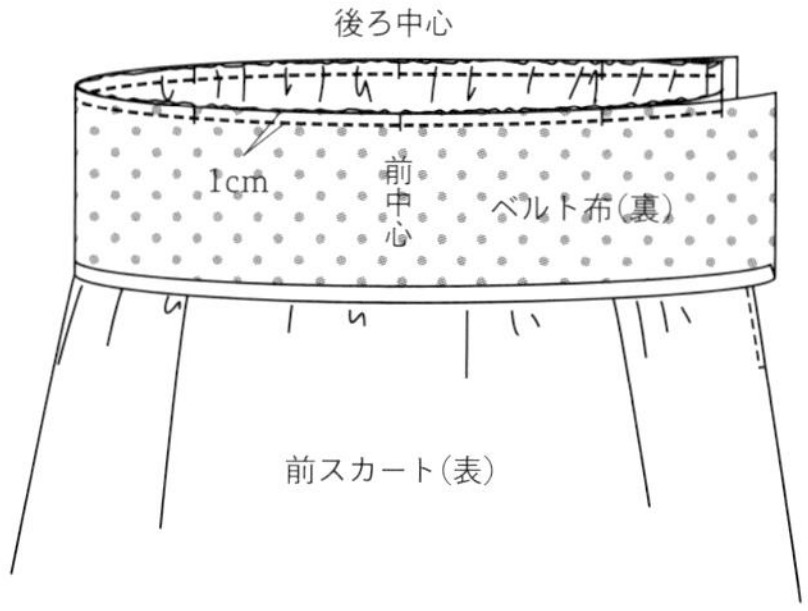

⑩-3 ベルト布の両端を縫う。

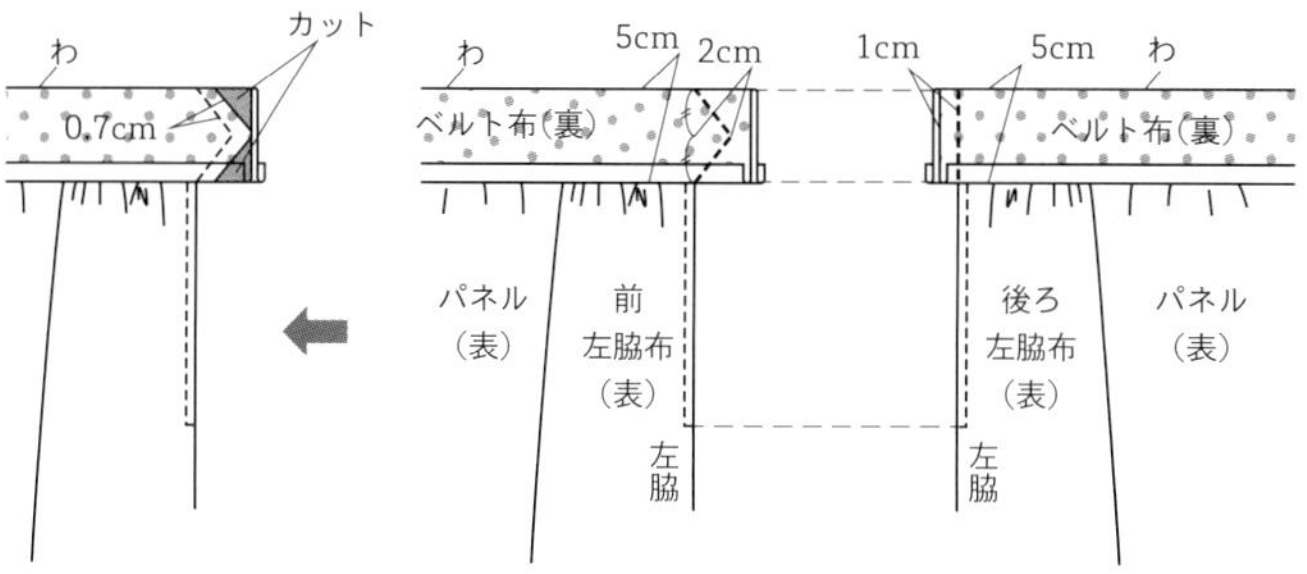

⑩-4 ベルト布を表に返し、
ベルト布のまわりにステッチをかける。

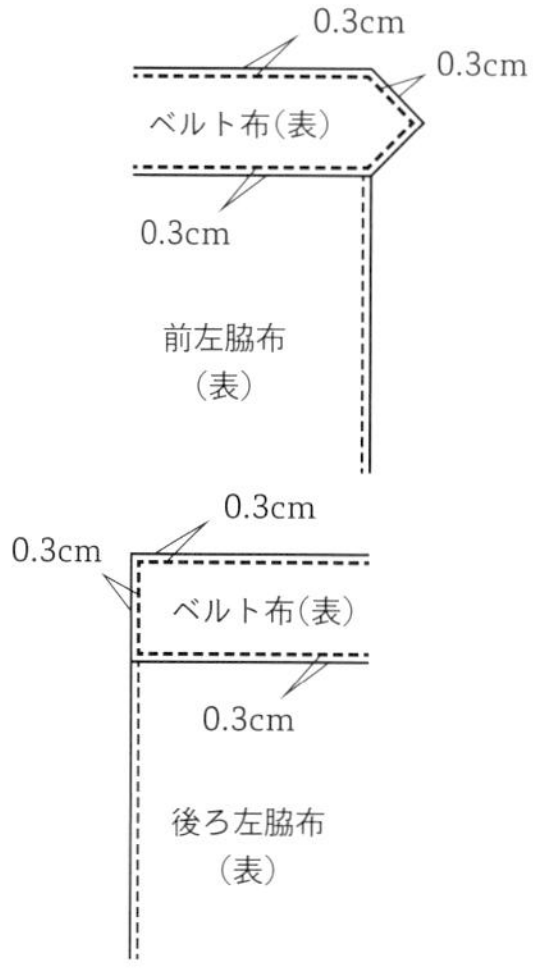

⑪ スナップを付けて、完成。
⑪-1 凸のスナップを
下図の位置に付ける。

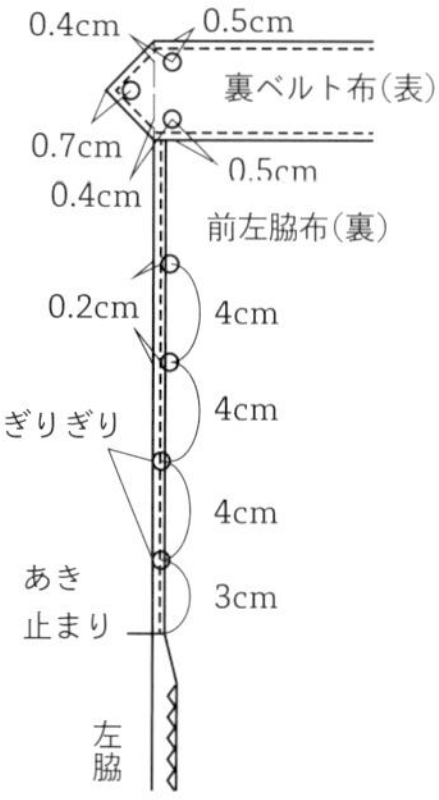

⑪-2 凹のスナップを
1つ付ける。

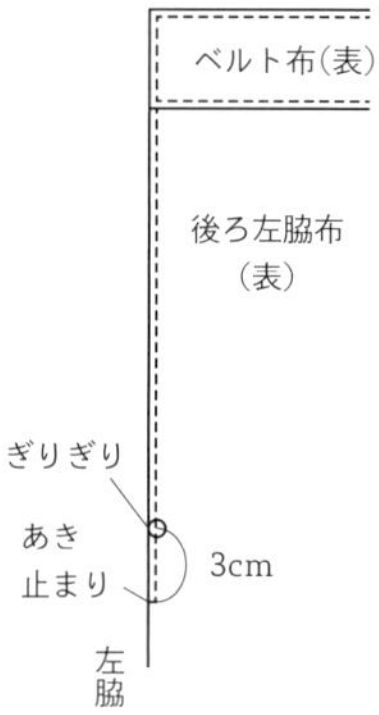

⑪-3 ベルト布を1.5cm重ね、ベルト布の凸の
スナップと合う位置を決め、凹のスナップを付ける。
⑪-4 スナップをとめる。

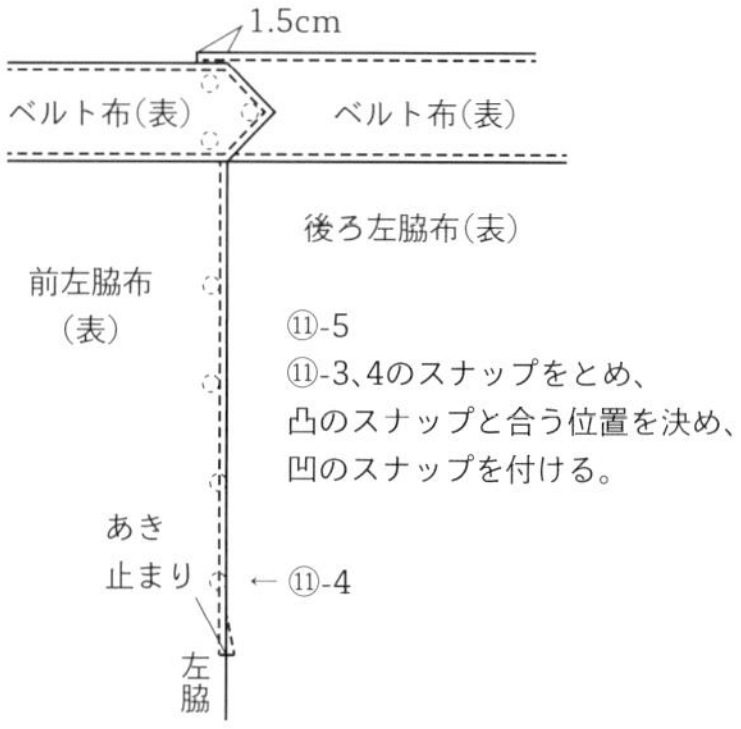

凹スナップの位置の決め方

凸スナップを付け、出来上がりに重ね押すとスナップのあとが付きます。
凸スナップの先に白いチャコペンを塗ると白いあとが付いてわかりやすいです。

なかしましほさんの道具

なかしまさんはどんな道具を使って、
あのおいしいおやつをつくっているのでしょうか。
便利な道具や、気分を高めるかわいいグッズ。
お気に入りのものを使えば、
おやつづくりはもっと楽しくなるはずです。
なかしまさんに、愛用の道具のお話をしてもらいました。

計量カップ

Jonas
Measuring jug
250 ミリリットル　1,000 円（税別）
500 ミリリットル　1,600 円（税別）
1 リットル　2,000 円（税別）

スウェーデンのキッチングッズのメーカー「リンデン」が展開する「ヨナス」というブランドのメジャーカップです。メジャーカップの素材は、プラスチックだと汚れが気になったり、油っぽいものを落としにくかったり。ガラスは扱いが慎重になります。これは、ステレンス製。便利でかわいくて、丈夫なんです。おやつづくりの際、200 ミリリットルの分量を計ることがよくあるのですが、その場合 250 ミリリットルのメジャーカップを使うと、余裕があって計りやすいんです。10 ミリリットル単位の細かい線はありませんが、そういう場合はデジタルスケールに乗せて測っちゃうので、問題なしです。大きめのカップはピッチャーにしてもよいですし、余ったハーブを花器のようにざっくりいれておいたり。ハンドルが開いているデザインの方は、スタッキングできます。

菜種油

平出油屋
菜種油　330cc
450 円（税別）

出会いは、昔働いていたオーガニック系のレストランでした。そこでお料理やお菓子を焼くのに使われていたのがこの菜種油。マリネやサラダが、すごくおいしかったんです。この菜種油は色もきれいで、しっかりとした風味があります。いま foodmood で使っている油はすべてこれ。この油なくしては、お店は成り立たないくらいです。つくっているのは福島県会津若松市のちいさな油屋さん。国産の菜種を使い、薬剤を一切使わず、たいへんな手間をかけてつくられています。菜種は品質をそろえるために、目で見て、ゴミや汚れているものをよけていきます。コーヒーでいう「ハンドピック」と一緒ですね。これをするかしないかで、味が変わってしまうのだそう。foodmood と同じおやつをつくりたいという方には、まず何をおいても、こちらをおすすめしています。

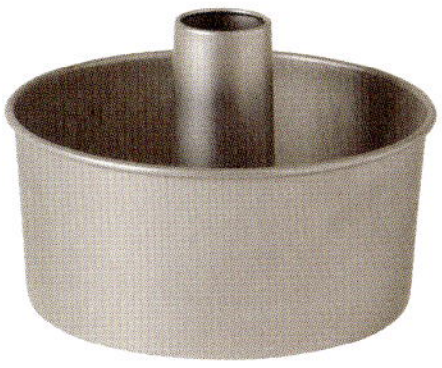

シフォン型

富澤商店
シフォンケーキ型（17cm）
1,700 円（税別）

シフォン型はアルミ製の軽いものが多いのですが、これはスチールにアルミめっきを施しているので、しっかりした重さがあります。軽いシフォンケーキを焼く時には、このどっしり感が使いやすいんです。型からシフォンを外すのも、重さがあると力をいれやすい。17センチの大きさはほとんどの家庭用オーブンに入るので、その意味でも便利です。

ふきん

白雪ふきん
280 円（税別）

適度に厚みがあって、力をいれてぎゅっと絞れるところがいいんです。吸水もとてもよくて。厚手なので乾くのにちょっと時間がかかりますが、使い心地が好きです。柄付きもありますが、お店では汚れに気づきやすいよう、白を使っています。

ボウル

MATFER
耐熱キッチンボウル
190mm　2,240 円（税別）
240mm　2,660 円（税別）

お菓子をつくる人の憧れのブランドが、フランスの「マトファー」。こちらはマトファーが出している、耐熱でポリエチレン製のキッチンボウルです。私は金属製のボウルも使いますが、耐熱のボウルは、レンジで温めるときなどに重宝します。ガラス製の耐熱ボウルもありますが、ポリエチレン製は軽くて使いやすいです。

泡立て器

MATFER
ホイッパー
250mm　4,104 円（税別）

マトファーの泡立て器です。サイズはいろいろありますが、この 250mm のタイプは、泡立てる部分の長さがボウルに入れたときちょうどよくて、とても使いやすいです。持ち手が細いのも特徴。細身の持ち手の方が、私の場合、手によく馴染むんです。黄色いアクセントも、かわいくて好きです。

スケッパー

cuoca
PC ドレッジ
274 円（税別）

「ドレッジ」とか「カード」ともいいます。丸いほうを使えば、ボウルのなかのものを、きれいにかき出すことができます。反対側の平らなほうは、生地を切る時に活躍。刻んだものをまな板からすくうなど、料理にも重宝します。いろいろな材質や硬さ、薄さのものが出ていますが、私はこのスケッパーの、しなり具合がベストです。

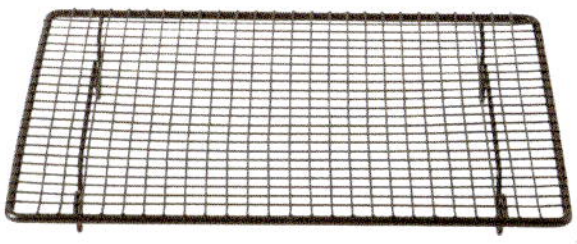

ケーキクーラー

CINQ
イギリスのケーキクーラー
1,800 円（税別）

焼きあがったお菓子をのせて冷ますための道具です。これは吉祥寺の雑貨店「CINQ（サンク）」さんが販売しているイギリスのもの。自宅で使っているという foodmood のスタッフもたくさんいます。26 センチ× 24 センチとサイズが手頃なのがいいですね。おやつづくりだけでなく、インテリアとして部屋に飾っている人も多いようです。

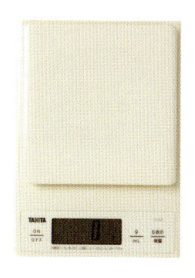

デジタルスケール

タニタ
デジタルクッキングスケール
KD-320-WH
3,797 円（税別）

最大 3 キロまで量れるということが、このスケールのいちばんの魅力。デジタルスケールに、ボウルをのせて、材料をいれて……とやっていくと、2 キロはすぐに超えてしまう重さなんです。また、0.1 グラム単位で細かく計れるのも嬉しい機能。ベーキングパウダーや食塩など、少量のものを正確に計りたい時に便利です。

キッチンペーパー

SANIGLOBE
シェフロール　超特厚クッキングペーパー
520 円（税別）

しっかりとした厚さがあるキッチンペーパーです。料理家さんに、これを愛用している方が多いと聞きます。材料の水気を切りたい時には、包んでキュッとしぼっても破れません。ぞうきんのように使ってお掃除をしたり、タオルやふきんの代わりに使うこともできます。繊維のケバ立ちもしにくいすぐれものです。ふつうのキッチンペーパーと 2 種類用意して使い分けています。

エプロン

R&D.M.Co-（オールドマンズテーラー）
GINGHAM CHECK APRON
9,900 円（税別）

山梨県富士吉田市にアトリエを持つブランドがつくっている、エプロン。ギンガムチェックが定番で、他の柄もシーズンごとに出ています。どれにしようかと考えるのも楽しくて。エプロンは毎日つけるものですから、ちゃんと好きなのを使いたいです。気分がよくなりますよね。ここのエプロンはすこし丈が長めなところも気に入っています。

※インターネットで検索すれば、入手方法が見つかりやすいものを中心に紹介しました。ぜひ、探してみてくださいね。

なかしましほさんの
オリジナルブレンド粉、誕生！

おやつミックス

ホットケーキ、ドーナツ、ビスケット、マフィン……
いろいろなおやつをつくることができる、
なかしましほさんのオリジナル粉が誕生しました。
その名も「おやつミックス」！
たとえばほら、こんなにふわふわのホットケーキが焼けるんです。
ほんのり香ばしくて、後味は軽やか。
毎日食べる、ごはんのように素朴な味わい。
あなただけのおやつを、つくってみませんか？

写真＝長野陽一　スタイリング＝岡尾美代子　（p.70,71 を除く）　取材・文＝宮原沙紀

全粒粉入り！　粉のおいしさをしっかり味わえる簡単でおいしいミックス粉がうまれました。

「おやつミックス」は、なかしまさん監修のもと、お菓子とパンの専門店「cuoca」さんの協力でうまれた、おやつ用のミックス粉です。多くのお菓子に共通する配合でできているミックス粉なので、いろいろなおやつをつくることができます。ホットケーキだけじゃなく、ほかのおやつもどんどんつくってほしいから、「おやつミックス」と名付けました。原材料は北海道産の小麦粉（薄力粉、薄力全粒粉）、きび砂糖、バターミルクパウダー、ベーキングパウダー（ノンアルミニウム）、塩。とってもシンプルで、余計なものは入っていません。なかしまさんに聞いてみました。そもそもなぜ「おやつミックス」をつくろうと思ったのですか？

なかしま　おやつづくりのハードルを下げたいと思ったんです。あれこれ買ったり準備をしなくても、簡単にいろいろなおやつをつくることができる。ただし、ちゃんとおいしく。そんなミックス粉があればいいな。そしたらもっとたくさんの人が気軽におやつをつくるようになるかもしれない。そう思ったのが発端です。

シンプルな材料の「おやつミックス」は、どんな味わいなのでしょう？

なかしま　まずは小麦粉。国産のものを使用しています。国産の粉は、どっしり仕上がるものが多いのですが、この粉はすごく口どけがよく、軽く仕上がる特別な粉ですね。そして全粒粉が入ってます。全粒粉が入ることで、素朴な粉の風味がほんのり感じられます。次に、お砂糖。きび砂糖を使っているので、柔らかい甘みです。塩気は、ホットケーキを焼いてバターを乗せたときちょうどよいバランスになるよう、最後まで調整しました。ベーキングパウダーはノンアルミニウムのものを使用しています。そして、隠し味にバターミルクパウダー。アメリカのパンケーキには、バターミルクがよく使われているんです。ほんのりとヨーグルトのような酸味があり、これを加えることで、コクが出て、しっとり焼きあがります。

安心な材料で、おいしいおやつがおうちでつくれる「おやつミックス」。あなたのアイデアで、いろんなおやつに挑戦してみてください。

おやつミックス

なかしましほさんの配合を、
「cuoca」さんが何度も試作を繰り返して
忠実に再現してくれました。
かわいいパッケージに２袋入り。
パッケージイラストは中島基文さんです。

価格：1,000円（税別）
内容量：180グラム×２袋
製造：株式会社クオカプランニング

※「ほぼ日刊イトイ新聞」のネットショップ（http://www.1101.com/store/soeur/mix/）や、
なかしまさんのお店「foodmood」、「cuoca」などで販売します。
（生産数の都合により完売になっている可能性もあります。あらかじめご了承ください）

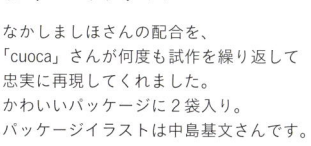

［ホットケーキ］

フライパン、卵、牛乳の準備はOK？
さあ、ふわっふわのホットケーキを
つくりましょう！

【材料】（4枚分）
おやつミックス　1袋
卵　1個
油（太白ごま油やサラダ油など）小さじ1（約4g）
牛乳（豆乳でも）130ml

① ボウルに卵、牛乳、油を入れて泡立て器でよく混ぜる。

卵がしっかりほぐれてなめらかになればOK。

② おやつミックス粉を入れ、粉気がなくなるまで混ぜる。

混ぜすぎると膨らみにくくなるので粉気がなくなればOK。
ボウルのふちについている粉は気にしなくて大丈夫。

③ フライパンを中火にかけて油（分量外）を薄く引き、温まったらぬれ布巾の上に置いて一度熱をとります。

ぬれ布巾から蒸気がたちのぼります。

④ このまま生地をお玉一杯分のせる。

ふんわり膨らませるため、フライパンをかたむけたり生地を広げたりしない。こんもりのせる感じで。

2枚目以降を焼くときは……

生地がもったりしてくるので、お玉でやさしくすくいとります。
膨らまなくなるので混ぜないこと。
フライパンが温まって焼き色がつきやすくなっています。
ぬれ布巾の上で冷ます時間を長めにとりましょう。
ここで冷まさずに熱いままのフライパンで焼くと、
返すタイミングがどうしても早くなるので、
生焼けになってしまいます。

5 フライパンをコンロに戻し、弱火にかける。

そう、こんな色です。

すぐにめくりたくなりますが、ぐっとがまん。

6 ふちからぷつぷつ気泡が出て裏によい焼き色がついたら返し、反対側も同様に焼く。

同じようによい焼き色がついたらできあがり。

この状態まで待ちましょう。

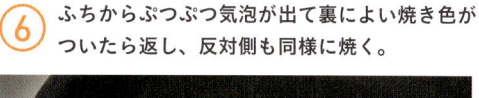

「おやつミックス」でこんなおやつもつくれます。

「おやつミックス」があれば、マフィンにスコーン、
パウンドケーキ、蒸しパン……まだまだいろいろつくれます！
ここでは、こんな3種のレシピをご紹介。

［ドーナツ］

卵の風味が広がる、
全粒粉のざくっとした食感がたのしい！

【材料】（リング型６～８個分）
おやつミックス　１袋
卵　１個
バター　20g
牛乳　50ml
揚げ油、きび砂糖　適宜

【準備】
・バターを溶かしておく

【つくりかた】
1. ボウルに卵、溶かしバター、
牛乳を入れ泡立て器でよく混ぜる。
2. おやつミックスを加え、へらで粉気がなくなるまで混ぜる。

＜ドーナツ（ドロップ型）＞
3. 170度に熱した揚げ油に、スプーンで生地を一口大にすくって落とし入れ、
菜箸でころころ転がしながら、２分半～３分、キツネ色になるまで揚げる。
粗熱がとれたらきび砂糖をまぶす。

＜ドーナツ（リング型）＞
3. ２の生地をラップにくるんで冷蔵庫で１時間寝かせる。
4. ラップをしいて 薄力粉（分量外）を少々ふって生地をのせ、上にも粉をふって、
めん棒で1cmの厚さに伸ばす。型にも粉をふってリング型に抜く。
オーブンシートを四角く切った上にのせる。
※型がない場合は、小さめのコップ＆ペットボトルのふたを組み合わせても。
5. 170度に熱した揚げ油にオーブンシートごと入れ、揚げる。自然と紙がはがれてきたら取り、
両面がキツネ色になるまで２分半～３分揚げる。粗熱がとれたらきび砂糖をまぶす。

［ビスケット］

全粒粉の香ばしさを味わうシンプルなビスケット。
型がなければコップで抜いたり、
お好きな型で作ってみてください。

【材料】（5cm 丸型 25 枚分）

おやつミックス　1袋
バター（食塩不使用）30g
きび砂糖　30g
卵　1/2 個分

【準備】

・オーブンは 170 度に予熱する。
・バターは溶かし、卵は溶いておく。

【つくりかた】

1. ボウルに溶かしバター、きび砂糖を入れ、泡立て器で砂糖をなじませる。溶き卵も加えて混ぜる。
2. おやつミックスを加え、へらで粉気がなくなるまで混ぜる。
3. ラップにはさんで4mm の厚さに伸ばし、型で抜く。
4. オーブンシートを敷いた天板に並べ、170 度のオーブンで 10 分焼く。オーブンから取り出して、天板に乗せたまま冷ます。

［バナナブレッド］

型なしで焼けるのでとってもかんたん。
おやすみの日の朝ごはんに。バターを添えても。

【材料】（1 台分）

おやつミックス　1袋
卵　1個
バナナ（熟したもの）150g（皮をむいて1～1.5 本分）
きび砂糖　20g
油（太白ごま油やサラダ油など）40g

【準備】

・オーブンは 170 度に予熱する。

【つくりかた】

1. ボウルにバナナを入れ、フォークの背でよくつぶす。
2. 卵、きび砂糖、油を加えて泡立て器でよく混ぜる。
3. おやつミックスを入れ、ヘラで粉気がなくなるまでさっくり混ぜる。
4. オーブンシートを敷いた天板の上にこんもり盛るようにのせる。
   ※自然に横に広がるので、大きく広げない。
5. 170 度のオーブンで 25~30 分、表面に焼き色がつくまで焼く。
   取り出して網の上に置き、食べやすく切る。
   ※パウンド型で焼く場合は、170 度で 45 分焼く。

※ご紹介したドーナツ、ビスケット、バナナブレッドは市販のホットケーキミックスでつくることもできますが、仕上がりの風味や味わいは「おやつミックス」でつくったときと異なります。

スール　2017年3月24日　初版発行
著者　三國万里子　なかしましほ

編集　永田泰大　山下哲
進行　茂木直子
アートディレクション　山川路子
ブックデザイン　田口智規　田中貴美恵　杉本奈穂
協力　渋谷侑美江　斉藤里香

印刷・製本　シナノ印刷株式会社

発行人　糸井重里

発行所　株式会社 ほぼ日
〒107-0061
東京都港区北青山2-9-5 スタジアムプレイス青山9階

ほぼ日刊イトイ新聞　http://www.1101.com/

万一、乱丁落丁のある場合は、お取り替えいたしますので小社宛 bookstore@1101.com までご連絡ください。
なお、本に関するご意見ご感想は postman@1101.com までお寄せください。

スールの最新情報に関しては、以下のページをご覧ください。
http://www.1101.com/store/soeur/info/01.html